SEIS PASSEIOS PELOS BOSQUES DA FICÇÃO

UMBERTO ECO

Seis passeios pelos bosques da ficção

2ª edição

Tradução
Hildegard Feist

Copyright © 1994, 2000 by The President and Fellows of Harvard College

Grafia atualizada segundo o Acordo Ortográfico da Língua Portuguesa de 1990, que entrou em vigor no Brasil em 2009.

Título original
Six Walks in the Fictional Woods

Capa
Teco Souza

Preparação
Kátia Rossini

Revisão
Huendel Viana
Adriana Bairrada

Dados Internacionais de Catalogação na Publicação (CIP)
(Câmara Brasileira do Livro, SP, Brasil)

Eco, Umberto, 1932-2016
Seis passeios pelos bosques da ficção / Umberto Eco ; tradução Hildegard Feist. — 2ª ed. — São Paulo : Companhia das Letras, 2024.

Título original: Six Walks in the Fictional Woods.
ISBN 978-85-359-3628-5

1. Ficção – Técnica 2. Narrativa (Retórica) I. Título.

24-189887   CDD-808.3

Índices para catálogo sistemático:
1. Ficção : Retórica   808.3
2. Ficção : Técnica   808.3

Tábata Alves da Silva – Bibliotecária – CRB-8/9253

Todos os direitos desta edição reservados à
EDITORA SCHWARCZ S.A.
Rua Bandeira Paulista, 702, cj. 32
04532-002 — São Paulo — SP
Telefone: (11) 3707-3500
www.companhiadasletras.com.br
www.blogdacompanhia.com.br
facebook.com/companhiadasletras
instagram.com/companhiadasletras
twitter.com/cialetras

Sumário

1. Entrando no bosque 7
2. Os bosques de Loisy 35
3. Divagando pelo bosque 59
4. Bosques possíveis 87
5. O estranho caso da Rue Servandoni 113
6. Protocolos ficcionais 135

Notas 163
Índice 169

1. Entrando no bosque

Gostaria de começar lembrando Italo Calvino, que há oito anos foi convidado a pronunciar suas seis conferências Norton,* porém só teve tempo de escrever cinco, antes de nos deixar. Eu o evoco não apenas como amigo, mas também como o autor de *Se um viajante numa noite de inverno*, porque seu romance diz respeito à presença do leitor na história e em larga medida minhas conferências versarão sobre o mesmo tema.

No mesmo ano em que o livro de Calvino foi lançado na Itália, publicou-se uma de minhas obras — *Lector in fabula*, que só em parte corresponde à sua tradução inglesa, *The Role of the Reader* [O papel do leitor]. Os títulos inglês e italiano desse livro são diferentes porque, se fosse traduzido ao pé da letra para o inglês, o título italiano (ou latino) seria "The Reader in the Fairy Tale" [O leitor no conto de fadas], o que não significa absolutamente nada. Na Itália,

* Trata-se das Charles Eliot Norton Lectures, um ciclo de seis conferências apresentadas durante o ano acadêmico na Universidade Harvard, em Cambridge, Mass. Todos os anos, um escritor, músico, teórico ou artista de renome é convidado a pronunciá-las, tendo inteira liberdade na escolha de seus temas. (N. E.)

a expressão *"lupus in fabula"* equivale a "falou no diabo...", e é usada quando uma pessoa da qual se acabou de falar aparece de repente. Contudo, enquanto a expressão italiana cita o lobo, que figura em todas as histórias populares, eu menciono o leitor. Na verdade, o lobo pode até nem figurar em muitas situações, e logo veremos que em seu lugar poderia haver um ogro. Mas numa história sempre há um leitor, e esse leitor é um ingrediente fundamental não só do processo de contar uma história, como também da própria história.

Hoje em dia, quem comparar meu *Lector in fabula* com *Se um viajante numa noite de inverno* talvez pense que meu livro tenha surgido como uma resposta ao romance de Calvino. No entanto, ambas as obras foram lançadas mais ou menos na mesma época e nenhum de nós sabia o que o outro estava fazendo, embora tivéssemos nos preocupado profundamente com os mesmos problemas durante muito tempo. Quando me enviou seu livro, com certeza Calvino já havia recebido o meu, pois escreveu em sua dedicatória: "*A Umberto: superior stabat lector, longeque inferior Italo Calvino*". Trata-se evidentemente da adaptação de uma frase de Fedro na fábula sobre o lobo e o cordeiro (*"Superior stabat lupus, longeque inferior agnus"*, "O lobo estava rio acima e o cordeiro rio abaixo"), e Calvino aludia a meu *Lector in fabula*. Contudo, a expressão *"longeque inferior"*, que significa tanto "rio abaixo" como "inferior" ou "menos importante", ainda é referencialmente ambígua. Se devemos entender *de dicto* que a palavra *"lector"* designa meu livro, então Calvino ou escolheu um papel ironicamente humilde, ou assumiu com orgulho o papel positivo do Cordeiro, deixando o do Lobão Malvado para o teórico. Se, ao contrário, a palavra *"lector"* deve ser entendida *de re* como designativa do Leitor, então Calvino fez uma declaração importantíssima e prestou homenagem ao papel do leitor.

A fim de prestar homenagem a Calvino, escolhi como ponto de partida a segunda de suas *Seis propostas para o próximo milênio*[1] (suas conferências Norton), aquela dedicada à rapidez, na qual se reporta à 57ª história de sua antologia de *Fábulas italianas*:

Um rei caiu doente, e seus médicos lhe disseram: "Majestade, se quiserdes sarar, deveis conseguir uma pena do ogro. Isso não será fácil, pois o ogro come todo ser humano que avista".
O rei informou a todos, mas ninguém se mostrou disposto a ir procurar o ogro. Então ele pediu a um de seus súditos mais leais e corajosos, que respondeu: "Eu vou".
Ensinaram o caminho ao homem e disseram-lhe: "No topo de um monte há sete cavernas, e numa delas mora o ogro".[2]

Calvino observa que "não se diz uma só palavra sobre a doença que afligia o rei, nem se explica por que o ogro tinha penas e tampouco se descrevem as cavernas", e enaltece ainda o caráter veloz de uma narrativa, porém afirma que "esta apologia da rapidez não pretende negar os prazeres da demora".[3] Minha terceira conferência será dedicada à demora. Por enquanto, só quero dizer que qualquer narrativa de ficção é necessária e fatalmente rápida porque, ao construir um mundo que inclui uma multiplicidade de acontecimentos e de personagens, não pode dizer tudo sobre esse mundo. Alude a ele e pede ao leitor que preencha toda uma série de lacunas. Afinal (como já escrevi), todo texto é uma máquina preguiçosa pedindo ao leitor que faça uma parte de seu trabalho. Que problema seria se um texto tivesse de dizer tudo que o receptor deve compreender — não terminaria nunca. Se eu ligar para você e disser: "Vou pegar a estrada e dentro de uma hora estarei aí", você não há de esperar que eu acrescente que vou de carro pela estrada.
Em *Agosto, moglie mia non ti conosco* [Agosto, minha esposa

não te conheço], o grande autor humorístico Achille Campanile escreveu o seguinte diálogo:

Gedeone gesticulava freneticamente para uma carruagem que estava parada no fim da rua. O velho cocheiro desceu com dificuldade e tão depressa quanto podia aproximou-se de nossos amigos, dizendo: "Em que posso ser útil?".

"Não!", Gedeone gritou, irritado. "Quero a carruagem."

"Oh!", replicou o cocheiro, desapontado. "Pensei que me quisesse."

Ele voltou para a carruagem, assumiu seu lugar e perguntou a Gedeone, que se acomodara no veículo juntamente com Andrea: "Para onde vamos?".

"Não posso lhe dizer", respondeu Gedeone, que queria manter em segredo sua expedição. O cocheiro, que não era muito curioso, não insistiu. Todos ficaram sentados na mais completa imobilidade durante alguns minutos, contemplando o panorama. Por fim, sem conseguir mais se conter, Gedeone exclamou: "Para o castelo Fiorenzina!" — com o que o cavalo se pôs em marcha e o cocheiro reclamou: "A esta hora? Vamos chegar lá depois do anoitecer".

"É verdade", Gedeone resmungou. "Vamos amanhã de manhã. Venha nos apanhar às sete em ponto."

"Com a carruagem?", perguntou o cocheiro. Gedeone refletiu por alguns instantes. E finalmente disse: "Sim, é melhor".

Ao dirigir-se para a estalagem, voltou-se e gritou para o cocheiro: "Ei! Não se esqueça do cavalo!".

"Está falando sério?", o outro perguntou, surpreso. "Bem, como o senhor quiser."[4]

O trecho é absurdo porque os protagonistas no começo dizem menos do que devem e no fim sentem necessidade de dizer (e de ouvir) o que é desnecessário dizer.

Às vezes, ao tentar falar demais, um autor pode se tornar mais engraçado que suas personagens. Uma escritora muito conhecida na Itália do século XIX foi Carolina Invernizio, que alimentou os sonhos de gerações inteiras de proletários com histórias como *O beijo de uma morta*, *A vingança de uma louca*, *O cadáver acusador*. Carolina Invernizio escrevia muito mal, e minha tradução será fiel. Já se comentou que ela teve a coragem — ou a fraqueza — de introduzir na literatura a linguagem da pequena burocracia do recém-criado Estado italiano (burocracia à qual pertencia seu marido, administrador de uma panificadora do Exército). Eis como Carolina inicia seu romance *A estalagem assassina*:

> Era uma bela noite, embora fizesse muito frio. As ruas de Turim estavam claras como se fosse dia, iluminadas pela lua alta no céu. O relógio da estação marcava sete horas. Sob o grande pórtico ouvia-se um barulho ensurdecedor, uma vez que dois trens expressos se cruzavam. Um estava partindo, o outro estava chegando.[5]

Não devemos ser muito severos com a sra. Invernizio. Ela percebeu de algum modo que a rapidez é uma grande virtude narrativa, mas nunca poderia ter começado, como Kafka em sua *Metamorfose*, com a frase: "Certa manhã, ao despertar de sonhos agitados, Gregor Samsa se viu transformado num inseto gigantesco".[6] Os leitores de Carolina Invernizio teriam imediatamente lhe perguntado como e por que Gregor Samsa se transformara em inseto e o que ele comera no dia anterior. Alfred Kazin conta que Thomas Mann emprestou um romance de Kafka para Einstein, que o devolveu, dizendo: "Não consegui ler; a mente humana não é tão complexa".[7]

Einstein talvez achasse a história demais lenta (mais adiante vou enaltecer a arte de reduzir a velocidade). Com efeito, nem sempre o leitor sabe colaborar com a velocidade do texto. Em *Reading and Understanding* [Leitura e compreensão], Roger Schank nos conta outra história:

John amava Mary, mas ela não queria casar com ele. Um dia, um dragão roubou Mary do castelo. John montou em seu cavalo e matou o dragão. Mary resolveu casar com ele. Depois disso os dois foram felizes para sempre.[8]

Preocupado com o que as crianças entendem quando leem, Schank fez várias perguntas sobre a história a uma menina de três anos.

S. Por que John matou o dragão?
M. Porque ele era ruim.
S. Por que ele era ruim?
M. Porque estava machucando o John.
S. Estava machucando de que jeito?
M. Acho que ele estava jogando fogo no John.
S. Por que Mary resolveu se casar com John?
M. Porque ela amava muito o John, e o John queria muito, muito casar com ela...
S. E como Mary decidiu se casar com John, quando no começo ela não queria?
M. Essa pergunta é difícil.
S. Tudo bem, mas qual você acha que é a resposta?
M. Porque ela não queria, e aí ele falou bastante que queria casar com ela, e então ela ficou com vontade de casar com ela, quer dizer, com ele.

Evidentemente, o que a menina sabia do mundo incluía o fato de que os dragões lançam chamas pelas narinas, mas não a possibilidade de uma pessoa, movida pela gratidão ou pela admiração, ceder a um amor ao qual não retribui. Uma história pode ser mais ou menos rápida — quer dizer, mais ou menos elíptica —, porém o que determina até que ponto ela pode ser elíptica é o tipo de leitor a que se destina.

Já que tento justificar todos os títulos que tolamente escolho para minhas obras, permitam-me justificar também o título de minhas conferências Norton. "Bosque" é uma metáfora para o texto narrativo, não só para o texto dos contos de fadas, mas para qualquer texto narrativo. Há bosques como Dublin, onde em lugar de Chapeuzinho Vermelho podemos encontrar Molly Bloom, e bosques como Casablanca, no qual podemos encontrar Ilsa Lund ou Rick Blaine.

Usando uma metáfora criada por Jorge Luis Borges (outro espírito muito presente nestas palestras e que também pronunciou suas conferências Norton há 25 anos), um bosque é um jardim de caminhos que se bifurcam. Mesmo quando não existem num bosque trilhas bem definidas, todos podem traçar sua própria trilha, decidindo ir para a esquerda ou para a direita de determinada árvore e, a cada árvore que encontrar, optando por esta ou aquela direção.

Num texto narrativo, o leitor é obrigado a optar o tempo todo. Na verdade, essa obrigação de optar existe até mesmo no nível da frase individual — pelo menos sempre que esta contém um verbo transitivo. Quando a pessoa que fala está prestes a concluir uma frase, nós como leitores ou ouvintes fazemos uma aposta (embora inconscientemente): prevemos sua escolha ou nos perguntamos qual será sua escolha (pelo menos no caso de frases de impacto como "Ontem à noite no campo-santo do presbitério eu vi...").

Às vezes o narrador quer nos deixar livres para imaginarmos a continuação da história. Vejamos, por exemplo, o final da *Narrativa de Arthur Gordon Pym*, de Poe:

E agora corremos para os amplexos da catarata, onde uma fenda se abria para nos receber. Contudo, surgiu em nosso caminho uma figura humana velada, muito maior em suas proporções que qualquer pessoa que habita entre os homens. E sua pele tinha a alvura perfeita da neve.

Aqui, onde a voz do narrador se cala, o autor quer que passemos o resto da vida imaginando o que aconteceu; e, com medo de que ainda não tenhamos sucumbido ao desejo de saber o que jamais nos será revelado, o autor — não a voz do narrador — acrescenta uma nota no final para nos dizer que, após o desaparecimento do sr. Pym, "os poucos capítulos que completariam a narrativa [...] perderam-se irremediavelmente". Nunca escaparemos desse bosque — como aconteceu, por exemplo, com Jules Verne, Charles Romyn Dake e H. P. Lovecraft, que resolveram ficar lá, tentando dar continuidade à história de Pym.

Mas existem casos em que o autor sadicamente quer nos mostrar que não somos Stanley, e sim Livingstone,* e que estamos fadados a nos perder nos bosques por causa de nossas escolhas equivocadas. Vejamos Laurence Sterne, logo no início de *Tristram Shandy*:

> Eu gostaria que meu pai ou minha mãe, ou ambos, na verdade, já que a ambos competia igualmente tal dever, tivessem pensado bem no que faziam quando me conceberam; que houvessem considerado adequadamente o quanto dependia do que estavam fazendo [...].

O que o casal Shandy estaria fazendo nesse delicado momen-

---

* Em 1871, depois de dois anos de busca, o jornalista e explorador inglês Sir Henry Morton Stanley (1841-1904) encontrou David Livingstone (1813-73), que havia se perdido na África Central durante uma de suas numerosas expedições pelo continente africano. (N. T.)

to? A fim de dar tempo ao leitor para que chegue a algumas hipóteses razoáveis (até mesmo as mais embaraçosas), Sterne digressiona por um parágrafo inteiro (o que mostra que Calvino tinha razão em não desdenhar a arte da demora) e depois revela o equívoco cometido na cena inicial:

Por favor, meu querido, disse minha mãe, não te esqueceste de dar corda no relógio? — Santo D...!, meu pai gritou, lançando uma exclamação, porém cuidando ao mesmo tempo de moderar a voz. Terá havido alguma mulher, desde a criação do mundo, que interrompesse um homem com uma pergunta tão tola?

Como vemos, o que o pai pensa da mãe é exatamente o que o leitor pensa de Sterne. Já existiu algum autor, por mais maldoso que fosse, que tivesse frustrado tanto seus leitores?

É claro que, depois de Sterne, a narrativa de vanguarda muitas vezes tentou não só frustrar nossas expectativas enquanto leitores, como ainda criar leitores que esperam ter inteira liberdade de escolha em relação ao livro que estão lendo. E essa liberdade é possível precisamente porque — graças a uma tradição milenar, que abrange narrativas que vão desde os mitos primitivos até o moderno romance policial — os leitores se dispõem a fazer suas escolhas no bosque da narrativa acreditando que algumas delas serão mais razoáveis que outras.

Digo "razoáveis" como se tais escolhas se baseassem no bom senso. No entanto, seria um erro pensar que se lê um livro de ficção em conformidade com o bom senso. Certamente não é o que exigem de nós Sterne ou Poe ou mesmo o autor (se na origem houve um autor) de "Chapeuzinho Vermelho". De fato, o bom senso nos levaria a rejeitar a ideia de que o bosque abriga um lobo que fala. Então, o que quero dizer quando afirmo que no bosque da narrativa o leitor precisa fazer escolhas razoáveis?

Neste ponto me cabe lembrar dois conceitos que já discuti alhures — a saber, os do Leitor-Modelo e do Autor-Modelo.[9] O leitor-modelo de uma história não é o leitor empírico. O leitor empírico é você, eu, todos nós, quando lemos um texto. Os leitores empíricos podem ler de várias formas, e não existe lei que determine como devem ler, porque em geral utilizam o texto como um receptáculo de suas próprias paixões, as quais podem ser exteriores ao texto ou provocadas pelo próprio texto.

Quem já assistiu a uma comédia num momento de profunda tristeza sabe que em tal circunstância é muito difícil se divertir com um filme engraçado. E isso não é tudo: se assistir ao mesmo filme anos depois, mesmo assim talvez não consiga rir, porque cada cena irá lembrá-lo da tristeza que sentiu na primeira vez. Evidentemente, como espectadores empíricos, estaríamos "lendo" o filme de maneira errada. Mas "errada" em relação a quê? Em relação ao tipo de espectadores que o diretor tinha em mente — ou seja, espectadores dispostos a sorrir e a acompanhar uma história que não os envolve pessoalmente. Esse tipo de espectador (ou de leitor, no caso de um livro) é o que eu chamo de leitor-modelo — uma espécie de tipo ideal que o texto não só prevê como colaborador, mas ainda procura criar. Um texto que começa com "Era uma vez" envia um sinal que lhe permite de imediato selecionar seu próprio leitor-modelo, o qual deve ser uma criança ou pelo menos uma pessoa disposta a aceitar algo que extrapola o sensato e o razoável.

Após a publicação de meu segundo romance, *O pêndulo de Foucault*, um amigo de infância, que não vejo há anos, escreveu-me o seguinte: "Caro Umberto, não me lembro de ter lhe contado a história patética de meus tios, mas acho que foi uma grande indiscrição de sua parte usá-la em seu romance". Bem, em meu livro conto alguns episódios relacionados com um "tio Carlo" e uma "tia Catarina", que vêm a ser os tios do protagonista, Jacopo Belpo, e que de fato existiram na vida real: com algumas alterações conto uma história de minha infância que envolve um tio e uma tia — os quais, no entanto, tinham outros nomes. Respondi a meu amigo dizendo que tio Carlo e tia Catarina eram parentes meus, não dele, e que portanto eu detinha o copyright; eu nem sabia que ele tinha tios e tias. Meu amigo pediu desculpas: ficou tão envolvido com a história que julgou reconhecer alguns incidentes ligados a seus tios — o que não é impossível, pois em época de guerra (e a uma delas remontavam minhas lembranças) coisas parecidas acontecem com tios diferentes.

O que aconteceu com meu amigo? Ele havia procurado no bosque uma coisa que estava em sua memória particular. Ao caminhar pelo bosque, posso muito bem utilizar cada experiência e cada descoberta para aprender mais sobre a vida, sobre o passado e o futuro. Sem embargo, considerando que um bosque é criado para todos, não posso procurar nele fatos e sentimentos que só a mim dizem respeito. De outra forma (como escrevi em dois livros recentes, *Os limites da interpretação e Interpretação e superinterpretação*),[10] não estou interpretando um texto, e sim *usando-o*. Nada nos proíbe de usar um texto para devanear, e fazemos isso com frequência, porém o devaneio não é uma coisa pública; leva-nos a caminhar pelo bosque da narrativa como se estivéssemos em nosso jardim particular.

Cabe, portanto, observar as regras do jogo, e o leitor-modelo é alguém que está ansioso para jogar. Meu amigo esqueceu as regras e sobrepôs suas próprias expectativas de leitor empírico às expectativas que o autor queria que um leitor-modelo tivesse.

Naturalmente, o autor dispõe de sinais de gênero específicos que pode usar a fim de orientar seu leitor-modelo, mas com frequência esses sinais podem ser muito ambíguos. *Pinóquio*, de Carlo Collodi, começa assim: "Era uma vez... Um rei!, dirão de imediato meus pequenos leitores. Não, crianças, estão enganadas. Era uma vez um pedaço de madeira".

Trata-se de um começo bastante complexo. Primeiro Collodi parece sugerir que um conto de fadas está prestes a iniciar-se. Tão logo seus leitores se convencem de que estão diante de uma história para crianças, eis que as crianças entram em cena como interlocutoras do autor e, raciocinando como crianças habituadas aos contos de fadas, fazem uma previsão errada. Então a história talvez não se destine às crianças? Mas, a fim de corrigir essa previsão errada, o autor novamente se dirige a seus jovens leitores, para que possam continuar lendo a história como se fosse para eles e entendam que o protagonista não é um rei, porém um boneco. E no final não ficarão decepcionados. Todavia, esse começo é uma piscadela para os leitores adultos. O conto de fadas também não poderia ser para eles? E a piscadela não poderia indicar que deveriam ler a história sob uma luz diferente e, ao mesmo tempo, fingir-se de crianças para compreender os significados alegóricos da narrativa? Esse início foi suficiente para inspirar toda uma série de leituras psicanalíticas, antropológicas e satíricas de *Pinóquio*, algumas das quais nada têm de absurdo. Talvez Collodi quisesse jogar um *double jeu*, e a tal possibilidade se deve boa parte do fascínio desse grande livrinho.

Quem determina as regras do jogo e as limitações? Em outras palavras, quem constrói o leitor-modelo? "O autor", dirão de imediato meus pequenos ouvintes.

Mas, depois de estabelecer com tanta dificuldade a distinção entre leitor-modelo e leitor empírico, cabe-nos ver o autor como uma entidade empírica que escreve a história e decide que leitor-modelo lhe compete construir, por motivos que talvez não possam ser revelados e que só seu psicanalista conheça? Deixem-me dizer-lhes que não tenho o menor interesse pelo autor empírico de um texto narrativo (ou de qualquer texto, na verdade). Sei que estarei ofendendo muitos dos presentes que talvez dediquem boa parte de seu tempo à leitura de biografias de Jane

Austen ou Proust, Dostoiévski ou Salinger, e também sei perfeitamente como é maravilhoso e empolgante vasculhar a vida privada de pessoas reais que amamos como se fossem nossos amigos íntimos. Quando eu era um jovem estudante impaciente, foi um grande exemplo e conforto para mim descobrir que Kant havia escrito sua obra-prima de filosofia na veneranda idade de 57 anos; da mesma forma, sempre morria de inveja ao lembrar que Raymond Radiguet escreveu *O diabo no corpo* aos vinte anos de idade.

Mas saber essas coisas não nos ajuda a decidir se Kant tinha razão quando aumentou de dez para doze o número de categorias, ou se *O diabo no corpo* é uma obra-prima (continuaria sendo ainda que Radiguet o tivesse escrito aos 57 anos). O possível hermafroditismo da Mona Lisa é um tema estético interessante, ao passo que os hábitos sexuais de Leonardo da Vinci não passam de mexericos, pelo menos segundo minha "leitura" desse quadro.

Nas conferências seguintes, retornarei com frequência a um dos maiores livros já escritos, *Sylvie*, de Gérard de Nerval. Eu o li pela primeira vez quando tinha vinte anos e ainda continuo a relê-lo. Quando jovem, escrevi um trabalho lamentável sobre ele e, a partir de 1976, conduzi na Universidade de Bolonha uma série de seminários sobre o assunto, dos quais resultaram três teses de doutorado e uma edição especial do jornal *VS* em 1982.[11] Em 1984, na Universidade Columbia, dediquei um curso de pós-graduação a *Sylvie*, que suscitou alguns trabalhos bem interessantes. Hoje conheço cada vírgula e cada mecanismo secreto dessa novela. A experiência de reler um texto ao longo de quarenta anos me mostrou como são bobas as pessoas que dizem que dissecar um texto e dedicar-se a uma leitura meticulosa equivale a matar sua magia. Toda vez que releio *Sylvie*, embora conheça o livro de modo tão anatômico — talvez *porque* o conheça tão bem —, apaixono-me por ele novamente, como se o estivesse lendo pela primeira vez.

Eis o início de *Sylvie*, seguido de duas traduções em inglês:

Je sortais d'un théâtre où tous les soirs je paraissais aux avant-scènes en grande tenue de soupirant [...].

1) *I came out of a theater, where I appeared every evening in the full dress of a sighing lover* [Saí de um teatro aonde ia todas as noites na indumentária completa de um suspiroso apaixonado].

2) *I came out of a theater, where I used to spend every evening in the proscenium boxes in the role of an ardent wooer* [Saí de um teatro onde passava todas as noites nos camarotes junto ao palco no papel de um ardente galanteador].[12]

Em inglês não existe o pretérito imperfeito, de modo que o tradutor pode escolher entre várias formas de expressar o imperfeito do francês. O imperfeito é um tempo muito interessante, porque é simultaneamente durativo e iterativo. Como durativo, nos diz que alguma coisa estava acontecendo no passado, mas não nos fornece nenhum tempo preciso, e o início e o final da ação permanecem ignorados. Como iterativo, indica que a ação se repetia. Porém, nunca sabemos ao certo quando é iterativo, quando é durativo, ou quando é ambos. No começo de *Sylvie*, por exemplo, o primeiro "*sortais*" é durativo, pois sair de um teatro é uma ação que requer certo tempo. Entretanto, o segundo imperfeito, "*paraissais*", é durativo e iterativo. O texto deixa claro que a personagem ia ao teatro todas as noites, mas o emprego do imperfeito já indicaria isso mesmo sem tal esclarecimento. É a ambiguidade desse tempo verbal que o torna extremamente adequado à narração de sonhos ou pesadelos. Esse é ainda o tempo empregado nos contos de fada. "*Once upon a time*", "era uma vez", corresponde a "*C'era una volta*" em italiano: "*una volta*" pode-se traduzir como "*once*", porém o pretérito imperfeito sugere um tempo impreciso, talvez cíclico, que o inglês expressa por meio de "*upon a time*".

Para exprimir o significado iterativo do francês "*paraissais*", a primeira tradução simplesmente se fia nos termos "*every evening*", enquanto a segunda enfatiza o aspecto frequentativo com os termos "*I used to*". Não se trata de uma série de incidentes triviais: grande parte do prazer que se tem em ler *Sylvie* deve-se a uma alternância muito bem calculada entre o imperfeito e o pretérito perfeito, o emprego do imperfeito criando uma atmosfera onírica na história, como se estivéssemos vendo uma coisa através de olhos semicerrados. Nerval não tinha em vista um leitor-modelo anglófono, pois o inglês era preciso demais para seus objetivos.

Na próxima conferência, voltarei a falar do emprego do imperfeito em Nerval, porém dentro em pouco veremos como esse tempo é importante para nossa discussão do autor e de sua voz. Agora vamos examinar o "*je*" com o qual a história se inicia. Os livros escritos na primeira pessoa podem levar o leitor ingênuo a pensar que o "eu" do texto é o autor. Não é, evidentemente; é o narrador, a voz que narra. P. G. Wodehouse certa vez escreveu na primeira pessoa as memórias de um cachorro — uma demonstração incomparável de que a voz que narra não é necessariamente a do autor.

Em *Sylvie*, temos de lidar com três entidades. A primeira é um cavalheiro que nasceu em 1808 e morreu (suicidando-se) em 1855 — e que por acaso nem sequer se chamava Gérard de Nerval, mas sim Gérard Labrunie. Com o guia Michelin na mão, muitos turistas ainda procuram em Paris a Rue de la Vieille Lanterne, onde o escritor se enforcou. Alguns deles nunca entenderam a beleza de *Sylvie*.

A segunda entidade é o homem que diz "eu" na novela. Essa personagem não é Gérard Labrunie. Tudo que sabemos sobre ele é que nos conta a história e não se mata no final, quando faz a melancólica reflexão: "As ilusões caem uma após outra, como as cascas de uma fruta, e a fruta é a experiência".

Meus alunos e eu resolvemos chamá-lo de *Je-rard*, mas, como esse trocadilho não se pode traduzir em inglês, vamos chamá-lo de narrador. O narrador não é o sr. Labrunie, e a razão disso é a mesma pela qual a pessoa que inicia *Viagens de Gulliver* dizendo: "Meu pai possuía uma pequena propriedade em Nottinghamshire; eu era o terceiro de cinco filhos. Ele me mandou para o Emanuel-College, em Cambridge, quando eu tinha catorze anos", não é Jonathan Swift, que estudou no Trinity College, em Dublin. Pede-se ao leitor-modelo que se comova com as ilusões perdidas do narrador, e não com as do sr. Labrunie.

Por fim, há uma terceira entidade, em geral difícil de identificar e que eu chamo de autor-modelo, de modo a criar uma simetria com o leitor-modelo. Labrunie pode ter sido um plagiário, e *Sylvie* poderia ter sido escrita pelo avô de Fernando Pessoa, mas o autor-modelo de *Sylvie* é a "voz" anônima que inicia a história com *"Je sortais d'un théâtre"* e a encerra fazendo Sylvie dizer: *"Pauvre Adrienne! elle est morte au couvent de Saint-S…, vers 1832"* ["Pobre Adrienne! Ela morreu no convento de Saint-S… por volta de 1832"]. Nada mais sabemos sobre ele, ou melhor, sabemos apenas o que essa voz diz entre o primeiro e o último capítulos da história. O último capítulo se intitula *"Dernier feuillet"*, "Última folha": para além dela tudo que resta é o bosque da narrativa, e cabe a nós entrar e percorrê-lo. Uma vez que aceitamos essa regra do jogo, podemos até tomar a liberdade de dar um nome a essa voz, um *nom de plume*: com a permissão de vocês, acho que encontrei um lindo nome: Nerval. Nerval não é Labrunie, nem o narrador. Nerval não é um *ele*, assim como George Eliot não é uma *ela* (só Mary Ann Evans era). Nerval poderia ser *es*, em alemão, *it*, em inglês (infelizmente a gramática italiana me obrigaria a dar-lhe um gênero).

Poderíamos dizer que esse *it* — que no começo da história ainda não se evidencia, ou talvez esteja presente apenas numa série de pequenos traços — no final de nossa leitura se identificará com o que toda teoria estética chama de "estilo". Sim, claro, no final pode-se reconhecer o autor-modelo também como um estilo, e o estilo será tão claro e inconfundível que veremos que sem dúvida se trata da mesma voz que inicia o romance *Aurélie*, dizendo: "*Le rêve est une seconde vie*" — "O sonho é uma segunda vida". Contudo, o termo "estilo" diz muito e pouco. Leva-nos a pensar que o autor-modelo (para citar Stephen Dedalus), isolado em sua perfeição, "como o Deus da criação, permanece dentro ou atrás ou além ou acima de sua obra, invisível, refinado, fora da existência, aparando as unhas".[13] Por outro lado, o autor-modelo é uma voz que nos fala afetuosamente (ou imperiosamente, ou dissimuladamente), que nos quer a seu lado. Essa voz se manifesta como uma estratégia narrativa, um conjunto de instruções que nos são dadas passo a passo e que devemos seguir quando decidimos agir como o leitor-modelo.

No amplo leque de obras sobre a teoria da narrativa, sobre a estética da recepção e sobre a crítica orientada para o leitor existem várias entidades chamadas Leitores Ideais, Leitores Implícitos, Leitores Virtuais, Metaleitores, e assim por diante — cada qual evocando como sua contrapartida um Autor Ideal ou Implícito ou Virtual.[14] Nem sempre esses termos são sinônimos. Meu Leitor-Modelo, por exemplo, parece-se muito com o Leitor Implícito de Wolfgang Iser. Não obstante, para Iser,

> o leitor efetivamente faz o texto revelar sua multiplicidade potencial de associações. Tais associações são produto do trabalho da mente do leitor sobre o material bruto do texto, embora não sejam o texto em si — pois este consiste justamente em frases, afirmações, informação etc. [...] Essa interação obviamente não ocorre no texto em si, mas só pode existir através do processo de leitura. [...] Esse processo formula algo que não está formulado no texto e contudo representa sua "intenção".[15]

Tal processo se parece mais com o que esbocei em meu livro *Obra aberta*.¹⁶ O leitor-modelo que propus depois é, ao contrário, um conjunto de instruções textuais, apresentadas pela manifestação linear do texto precisamente como um conjunto de frases ou de outros sinais. Conforme observou Paola Pugliatti:

> A perspectiva fenomenológica de Iser atribui ao leitor um privilégio que tem sido considerado prerrogativa dos textos, a saber, o de estabelecer um "ponto de vista", assim determinando o significado do texto. O Leitor-Modelo de Eco (1979) não só figura como interagente e colaborador do texto; muito mais — e, em certo sentido, menos —, ele/ela nasce com o texto, sendo o sustentáculo de sua estratégia de interpretação. Assim, o que determina a competência dos leitores--modelo é o tipo de estampagem genética que o texto lhes transmitiu [...]. Criados com o texto — e nele aprisionados —, os leitores-modelo desfrutam apenas a liberdade que o texto lhes concede.¹⁷

É verdade que, em *O ato da leitura*, Iser diz que "o conceito de leitor implícito é, portanto, uma estrutura textual prevendo a presença de um receptor"; mas acrescenta: "sem necessariamente defini-lo". Para Iser, "o papel do leitor não é idêntico ao do leitor fictício retratado no texto. Este último é apenas um componente do papel do leitor".¹⁸

Em minhas conferências, conquanto aponte a existência de todos os outros componentes estudados com tanto brilhantismo por Iser, basicamente concentro minha atenção naquele "leitor fictício" retratado no texto, supondo que o principal objetivo da interpretação é entender a natureza desse leitor, apesar de sua existência espectral. Se quiserem, podem dizer que sou mais "alemão" que Iser, mais abstrato, ou — como diriam os filósofos não continentais — mais especulativo.

Nesse sentido, eu falaria de leitores-modelo não só em relação a textos que estão abertos a múltiplos pontos de vista, mas também àqueles que preveem um leitor muito obediente. Em outras palavras, há um leitor-modelo não só para *Finnegans Wake*, como ainda para os horários de trem, e de cada um deles o texto espera um tipo diferente de cooperação. Evidentemente, nos empolgam mais as instruções de Joyce para "um leitor ideal acometido de uma insônia ideal"; contudo, devemos prestar atenção também nas instruções constantes nos horários de trem.

No mesmo espírito, meu autor-modelo não é necessariamente uma voz gloriosa, uma estratégia sublime: o autor-modelo atua e se revela até no mais pífio dos romances pornográficos para nos dizer que as descrições apresentadas devem constituir um estímulo para nossa imaginação e para nossas reações físicas. No início de *My Gun Is Quick* [Rápido no gatilho], de Mickey Spillane, encontramos um exemplo de autor-modelo que descaradamente se revela aos leitores a partir da primeira página, dando-lhes ordens sobre as emoções que devem sentir, ainda que o livro não consiga comunicá-las:

> Quando está em casa, confortavelmente acomodado numa poltrona junto ao fogo, você alguma vez pensou no que acontece lá fora? Provavelmente não. Você pega um livro e lê sobre uma porção de coisas, empolgando-se [...] com pessoas e fatos que nunca aconteceram [...]. Engraçado, não é? [...] Até os velhos romances faziam isso, temperavam com ação suas vidas quando, sentados no Coliseu, viam as feras estraçalharem um bando de gente e se divertiam com tanto sangue e terror [...]. Oh, é ótimo espiar [...]. A vida pelo buraco da fechadura. [...] Mas lembre-se disto: *estão* acontecendo coisas lá fora [...]. Já não existe um Coliseu, mas a cidade é um estádio maior e comporta mais pessoas. As garras afiadas como navalha não são as das feras, porém as do homem podem ser tão afiadas quanto aquelas e duas vezes mais selvagens. Você tem de ser

rápido e tem de ser capaz, do contrário se torna um dos devorados […]. Você tem de ser rápido. E capaz. Do contrário será morto.[19]

Aqui a presença do autor-modelo é explícita e, como disse, descarada. Há outros casos em que, com maior desfaçatez porém mais sutilmente, apresentam-se autor-modelo, autor empírico, narrador e entidades ainda mais vagas, colocadas no texto narrativo com o propósito explícito de confundir o leitor. Vamos voltar a *Gordon Pym*, de Poe. Duas partes dessas aventuras foram publicadas em 1837 no *Southern Literary Messenger* mais ou menos na forma como hoje as conhecemos. O texto se iniciava com "Meu nome é Arthur Gordon Pym" e, desse modo, apresentava um narrador na primeira pessoa, porém trazia o nome de Poe como o autor empírico (ver figura 1). Em 1838, a história inteira foi publicada em forma de livro, mas sem o nome do autor no frontispício. Havia um prefácio assinado por "A. G. Pym", que apresentava as aventuras como fatos e dizia aos leitores que, no *Southern Literary Messenger*, "o nome do sr. Poe foi acrescentado aos artigos", porque ninguém teria acreditado no relato, de maneira que não haveria problema em apresentá-lo "sob a aparência de ficção".

Assim, temos um sr. Pym, que se declara um autor empírico e que é também o narrador de uma história verdadeira, e, ademais, escreveu um prefácio que faz parte não do texto narrativo, e sim do *paratexto*.[20] O sr. Poe se esvaece no plano de fundo, tornando-se uma espécie de personagem do paratexto (ver figura 2). Contudo, no final da história, exatamente quando ela se interrompe, há uma nota explicando que os últimos capítulos se perderam em função da "morte recente, súbita e dolorosa do sr. Pym", morte da qual "o público deve ter tomado conhecimento pelos jornais diários". Essa nota, que não traz assinatura (e que certamente não foi escrita pelo sr. Pym, a cuja morte se refere), não pode ser atribuída a Poe, porque diz que o sr. Poe foi o primeiro editor e até o crítica por não

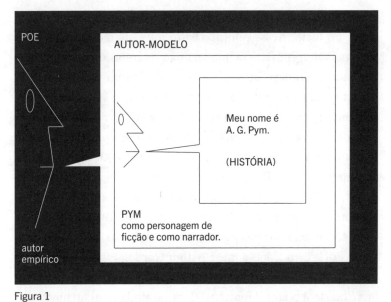

Figura 1

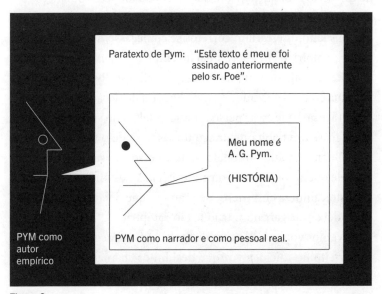

Figura 2

ter sabido captar a natureza criptográfica das figuras que Pym incluíra no texto. Nesse ponto, o leitor é levado a crer que Pym é uma personagem fictícia que fala não só como o narrador, mas também no começo do prefácio, o qual se torna, assim, parte da história e não do paratexto. Com certeza, o texto se deve a um terceiro autor, anônimo e empírico — que vem a ser o autor da nota (um paratexto real), na qual fala de Poe nos mesmos termos que Pym utilizou em seu paratexto falso; de modo que agora o leitor se pergunta se o sr. Poe é uma pessoa real ou uma personagem em duas histórias diferentes: uma contada no paratexto falso de Pym e a outra no paratexto verdadeiro porém mentiroso do sr. X (ver figura 3). Numa última charada, esse misterioso sr. Pym começa sua história com "Meu nome é Arthur Gordon Pym" — um início que não só prenuncia o "Chamem-me de Ishmael", de Melville (relação que tem pouca importância), como ainda aparentemente parodia um texto no qual Poe, antes de escrever *Pym*, havia parodiado um certo Morris Mattson, que abrira um de seus romances com "Meu nome é Paul Ulric".[21]

Os leitores estariam corretos se começassem a suspeitar que o autor empírico era Poe, o qual inventou uma pessoa real fictícia, o sr. X, que fala de uma falsa pessoa real, o sr. Pym, que por sua vez atua como o narrador de uma história de ficção. A única coisa embaraçosa é que essas pessoas fictícias falam do sr. Poe real como se ele fosse um habitante de seu universo fictício (ver figura 4).

Quem é o autor-modelo de todo esse emaranhado textual? Seja ele quem for, é a voz, ou a estratégia, que confunde os vários supostos autores empíricos, de maneira que o leitor-modelo não pode deixar de cair num truque tão catóptrico.

Vamos voltar à releitura de *Sylvie*. Ao empregar um pretérito imperfeito no início, a voz que decidimos chamar de Nerval nos diz que devemos nos preparar para ouvir uma reminiscência. Quatro páginas depois, a voz imediatamente passa do imperfeito

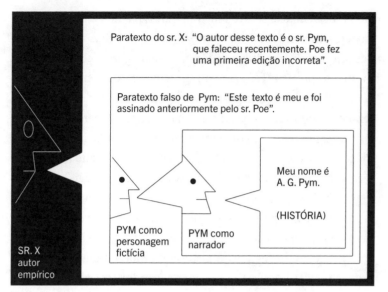

Figura 3

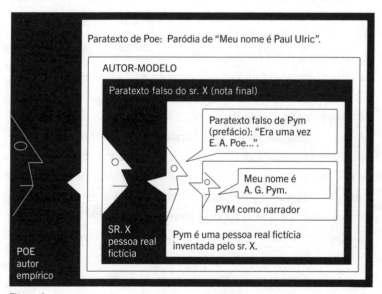

Figura 4

para o perfeito e descreve uma noite passada no clube após o teatro. Devemos entender que, aqui também, estamos ouvindo uma das reminiscências do narrador, mas que agora ele relembra um momento preciso. Trata-se do momento em que, enquanto conversa com um amigo sobre a atriz a quem amou durante algum tempo sem nunca se aproximar dela, o narrador percebe que não ama uma mulher, e sim uma imagem ("Persigo uma imagem, nada mais"). Agora, contudo, na realidade fixada com exatidão pelo pretérito perfeito, lê num jornal que, naquela mesma noite, está tendo lugar em Loisy, onde passou a infância, o tradicional festival de arqueiros de que participara como menino, quando estava encantado com a bela Sylvie.

No segundo capítulo, a história retoma o imperfeito. Em algumas poucas horas de modorra, o narrador recorda um festival semelhante, que provavelmente se realizou quando ele era menino. Lembra a suave Sylvie, que o amava, e a bela e altiva Adrienne, que naquela noite cantara no relvado; foi uma aparição quase miraculosa, e depois a jovem desapareceu para sempre atrás dos muros de um convento. Entre o sono e a vigília, o narrador se pergunta se ainda ama perdidamente a mesma imagem — ou seja, se de algum modo inexplicável Adrienne e a atriz são a mesma mulher.

No terceiro capítulo, o narrador deseja voltar ao cenário de suas lembranças de meninice, calcula que poderia chegar lá antes do amanhecer, sai, toma uma carruagem e durante o percurso, quando está começando a distinguir as estradas, colinas e aldeias de sua infância, uma nova reminiscência se inicia — esta relativa a um fato mais recente, ocorrido cerca de três anos antes da viagem. Todavia, o que apresenta ao leitor esse novo fluxo de lembranças é uma frase que, lida cuidadosamente, parece espantosa:

Pendant que la voiture monte les côtes, recomposons les souvenirs du temps où j'y venais si souvent.

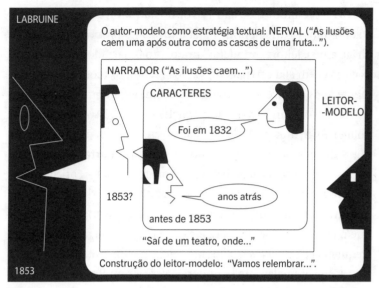

Figura 5

[Enquanto a carruagem sobe as encostas, reconstituamos as lembranças da época em que eu lá ia com tanta frequência.]

Quem pronuncia (ou escreve) essa frase e pede nosso envolvimento? O narrador? Mas o narrador, que está descrevendo uma viagem ocorrida anos antes do momento em que está narrando, deveria dizer algo como: "Enquanto a carruagem subia as colinas, reconstituí [ou 'Comecei a reconstituir', ou 'Falei para mim mesmo: "vamos reconstituir"'] as lembranças da época em que eu lá ia com tanta frequência". Quem é — ou melhor, quem são esses "nós" que têm de resgatar as lembranças e, portanto, preparar-se para mais uma viagem ao passado? Quem são os "nós" que precisam fazer isso agora, "enquanto a carruagem sobe" (enquanto a carruagem avança ao mesmo tempo que lemos), e não então, "quando a carruagem estava indo", no momento em que o narrador nos diz que estava recordando". Essa não é a voz do narrador, é a voz de Nerval, o autor-modelo, que por um instante fala na primeira pessoa e se dirige a nós, leitores-modelo: "Enquanto o narrador está subindo as colinas em sua carruagem, vamos recompor (com ele, naturalmente, mas com vocês e comigo também) as lembranças da época em que ia com tanta frequência àqueles lugares". Isso não é um monólogo, e sim uma parte de um diálogo entre três elementos: Nerval, que sub-repticiamente entra no discurso do narrador; nós, que fomos chamados a participar da mesma forma sub-reptícia, quando pensávamos que podíamos observar o fato do exterior (nós, que pensávamos que nunca tínhamos saído do teatro); e o narrador, que não foi excluído, pois era ele que ia àqueles lugares com tanta frequência ("*j'y venais si souvent*", "eu lá ia com tanta frequência").

Cabe assinalar que se poderia escrever muitas páginas sobre esse "*j'y*". Significa "lá", onde o narrador esteve naquela noite? Ou significa "aqui", aonde Nerval de repente nos leva?

Nesse ponto, numa história em que tempo e lugar estão inextricavelmente ligados, parece que até as vozes se confundem. Tal confusão, entretanto, é orquestrada de forma tão admirável que se torna imperceptível — ou quase, já que a percebemos. Não se trata de confusão, e sim de um momento de clarividência, uma epifania da arte de contar histórias, na qual os componentes da trindade narrativa — o autor-modelo, o narrador e o leitor — aparecem juntos (ver figura 5). Precisam aparecer juntos porque o autor-modelo e o leitor-modelo são entidades que se tornam claras uma para a outra somente no processo da leitura, de modo que uma cria a outra. Acho que isso é verdadeiro não apenas em relação aos textos narrativos como em relação a qualquer tipo de texto.

Em suas *Investigações filosóficas* (parágrafo 66), Wittgenstein escreve:

Considere, por exemplo, as atividades a que chamamos "jogos":

estou falando de jogos de tabuleiro, jogos de cartas, jogos de bola, jogos olímpicos, e assim por diante. O que é comum a todos eles?
— Não diga: "Deve haver algo comum, pois do contrário não se chamariam 'jogos'" —, mas olhe e veja se existe alguma coisa comum a todos. — Pois, se olhar para eles, você não verá algo comum a todos, mas similaridades, parentescos e toda uma série deles.[22]

Nessa passagem, os pronomes pessoais não indicam uma personagem empírica ou um leitor empírico; são apenas estratégias textuais, concebidas como uma forma de atrativo, como no início de um diálogo. A intervenção de um sujeito falante é simultânea à criação de um leitor-modelo que sabe dar continuidade ao jogo da investigação da natureza dos jogos; e a disposição intelectual desse leitor (até a necessidade de brincar com o tema dos jogos) é determinada somente pelo tipo de passos interpretativos que a voz lhe pede para dar: olhar, ver, considerar, encontrar relações e semelhanças. Da mesma forma, o autor não passa de uma estratégia textual que é capaz de estabelecer correlações semânticas e que pede para ser imitada: quando diz "estou falando", essa voz nos convida a chegar a um consenso, para que a palavra "jogo" seja aceita para designar jogos de tabuleiro, jogos de cartas, e assim por diante. Entretanto, essa voz não define a palavra "jogo"; ao contrário, pede que *nós* a definamos ou reconheçamos que só é possível defini-la satisfatoriamente em termos de "semelhanças de família". Nesse texto, Wittgenstein é apenas um estilo filosófico, e seu leitor-modelo é apenas a vontade e a capacidade de adaptar-se a tal estilo, contribuindo para torná-lo possível.

Assim, eu, uma voz sem corpo, sem sexo, sem história — a menos que seja a voz que começa com esta primeira conferência e terminará com a última —, convido vocês, gentis leitores, a jogarem meu jogo comigo em nossos cinco encontros seguintes.

2. Os bosques de Loisy

Há duas maneiras de percorrer um bosque. A primeira é experimentar um ou vários caminhos (a fim de sair do bosque o mais depressa possível, digamos, ou de chegar à casa da avó, do Pequeno Polegar ou de Joãozinho e Maria); a segunda é andar para ver como é o bosque e descobrir por que algumas trilhas são acessíveis e outras não. Há igualmente duas maneiras de percorrer um texto narrativo. Todo texto desse tipo se dirige sobretudo a um leitor-modelo do primeiro nível, que quer saber muito bem como a história termina (se Ahab conseguirá capturar a baleia e se Leopold Bloom encontrará Stephen Dedalus depois de cruzar com ele algumas vezes no dia 16 de junho de 1904). Mas também todo texto se dirige a um leitor-modelo do segundo nível, que se pergunta que tipo de leitor a história deseja que ele se torne e que quer descobrir precisamente como o autor-modelo faz para guiar o leitor. Para saber como uma história termina, basta em geral lê-la uma vez. Em contrapartida, para identificar o autor-modelo é preciso ler o texto muitas vezes e algumas histórias incessantemente. Só quando tiverem descoberto o autor-modelo e tiverem compreendido (ou começado a compreender) o que o autor queria deles é que os leitores empíricos se tornarão leitores-modelo maduros.

O texto em que a voz do autor-modelo pede da maneira mais explícita a colaboração do leitor do segundo nível é, talvez, um famoso romance policial: *O assassinato de Roger Ackroyd*, de Agatha Christie. Todo mundo conhece a história. Um narrador, falando na primeira pessoa, conta como Hercule Poirot pouco a pouco descobre o culpado, mas no final Poirot nos informa que o culpado é o narrador, que não pode negar seu crime. Contudo, enquanto aguarda sua prisão e está prestes a suicidar-se, o narrador se dirige aos leitores. Trata-se, na verdade, de uma figura ambígua, pois não só é a personagem que fala na primeira pessoa num livro escrito por outrem, mas ainda aparece como o homem que escreveu fisicamente aquilo que estamos lendo (tal qual Arthur Gordon Pym) e, no final da história, age como o autor-modelo de seu próprio diário — ou, se preferirem, o autor-modelo fala através dele, ou melhor, através dele apreciamos a representação narrativa de um autor-modelo.

Portanto, o narrador convida seus leitores a relerem o livro desde o começo, porque, afirma, se foram perceptivos, terão constatado que ele nunca mentiu. Quando muito, ele foi reticente, pois o texto é uma máquina preguiçosa que espera muita colaboração da parte do leitor. E não só convida o leitor a reler o livro, como fisicamente ajuda nessa tarefa o leitor do segundo nível, citando no final algumas frases dos capítulos iniciais.

Estou satisfeito comigo como autor. Por exemplo, o que poderia ser mais eficaz que o seguinte: "As cartas chegaram às vinte para as nove. Faltavam dez minutos para as nove quando o deixei, a carta estando ainda por ler. Hesitei, com a mão no trinco da porta, olhando para trás e perguntando-me se deixara de fazer alguma coisa". Tudo isso é verdade, vocês sabem. Mas, e se eu tivesse colocado uma série de asteriscos após a primeira frase? Alguém teria se perguntado o que aconteceu exatamente naqueles dez minutos ociosos?

Nesse ponto, o narrador explica o que de fato fez naqueles dez minutos. E prossegue:

> Devo confessar que foi um choque para mim deparar com Parker bem na porta. Registrei esse fato fielmente. Mais tarde, quando se encontrou o corpo e mandei Parker chamar a polícia, que judicioso emprego de palavras: "Fiz o pouco que havia a fazer"! Foi bem pouco — apenas jogar o ditafone em minha mala e encostar a cadeira na parede, no lugar adequado.[1]

Claro que os autores-modelo nem sempre são tão explícitos. Voltando a *Sylvie*, por exemplo, vemo-nos diante de um autor que talvez não quisesse que relêssemos o texto, ou melhor, que queria que o relêssemos, mas não que compreendêssemos o que havia acontecido conosco por ocasião da primeira leitura. Nas páginas que dedicou a Nerval, Proust descreve as impressões que provavelmente teriam ocorrido a qualquer um de nós depois de ler *Sylvie* pela primeira vez:

> O que temos aqui é um daqueles quadros multicoloridos que nunca vemos na vida real ou nem sequer as palavras evocam, mas que às vezes nos aparecem em sonhos ou são suscitados pela música. Às vezes, no momento em que adormecemos, nós os vemos e tentamos captá-los e defini-los. Então acordamos, e eles se foram. [...] Trata-se de uma coisa vaga e persistente, como uma lembrança. É uma atmosfera, a atmosfera azulada e purpúrea de Sylvie [...]. Porém, [esse inexprimível] não está nas palavras, não é dito, está todo [...] entre as palavras, como a névoa da manhã em Chantilly.[2]

A palavra "névoa" é muito importante. *Sylvie* realmente parece afetar seus leitores como uma névoa, como se estivéssemos olhando para uma paisagem através de olhos semicerrados, sem distinguir com clareza a forma das coisas. Mas não é impossível distinguir as coisas; ao contrário, as descrições de paisagens e pessoas em *Sylvie* são muito claras e precisas, possuem mesmo uma clareza neoclássica. O que os leitores não conseguem entender é onde se situam no tempo. Conforme disse Georges Poulet: "Tão logo ocorre um movimento inicial, os pensamentos [do leitor] passam a andar para trás".[3]

O mecanismo fundamental de *Sylvie* baseia-se numa contínua alternância entre flashbacks e flashforwards e em certos grupos de flashbacks embutidos.

Quando nos inteiramos de uma história que se refere a um tempo narrativo 1 (o tempo em que os fatos narrados ocorrem, o qual pode ser duas horas atrás ou mil anos atrás), o narrador (na primeira ou na terceira pessoa) e as personagens podem reportar-se a algo que aconteceu antes dos fatos narrados. Ou podem aludir a alguma coisa que, na época desses fatos, ainda estava por ocorrer e era esperada. Como diz Gérard Genette, um flashback parece reparar um esquecimento do autor, ao passo que um flashforward constitui uma manifestação de impaciência narrativa.[4]

Todos usam essas técnicas ao descrever fatos passados: "Ei, escute só isto! Ontem encontrei o John — quem sabe você se lembra, é aquele sujeito que corria todas as manhãs, dois anos atrás [flashback]. Pois bem, ele estava muito pálido, e devo confessar que demorei um pouco para entender por quê [flashforward], e ele disse — ah, esqueci de contar que quando o vi ele estava saindo de um bar, e eram só dez horas da manhã, entendeu? [flashback] — mas, enfim, o John me falou — Ah, meu Deus, você nunca vai adivinhar o que ele me falou [flashforward]...". Espero não ser tão confuso no resto desta exposição. Mas, com maior senso artístico,

Nerval certamente nos confunde em *Sylvie* com um jogo estonteante de flashforwards.

O narrador da história está apaixonado por uma atriz e não sabe se seu amor é correspondido ou não. Um artigo de jornal de repente lhe suscita recordações da infância. Ele volta para casa e, meio adormecido, meio acordado, lembra-se de duas meninas, Sylvie e Adrienne. Adrienne era como uma visão: loira, linda, alta e esguia. "Uma miragem de glória e beleza"; "o sangue dos Valois corria-lhe nas veias." Em contrapartida, Sylvie era uma "menina da aldeia vizinha", uma camponesa de olhos negros e "pele ligeiramente bronzeada", que se enciumou com as atenções dispensadas a Adrienne pelo narrador.

Após algumas horas insones, o narrador resolve tomar uma carruagem e voltar ao local de suas lembranças. No caminho, põe-se a recordar outros fatos (*"recomposons les souvenirs"*) —, fatos que ocorreram num passado mais próximo da época de sua viagem: *"quelques années s'étaient écoulées"* ("alguns anos se passaram"). Nesse longo flashback, Adrienne aparece de relance e como uma lembrança dentro de uma lembrança, enquanto Sylvie figura extraordinariamente viva e real. Ela não é mais uma "menina de aldeia [...]. Tornou-se tão linda!". Seu corpo é flexível; seu sorriso tem algo de ateniense. Ela agora possui todas as graças que em sua meninice o narrador atribuíra a Adrienne, e talvez o narrador possa satisfazer sua necessidade de amor com Sylvie. Os dois vão visitar a tia da jovem e, numa cena comovente que parece predizer sua possível felicidade, vestem-se como noivos de uma época passada. Entretanto, é tarde demais, ou cedo demais. No dia seguinte, o narrador regressa a Paris.

Agora ele está aqui, na carruagem que sobe uma colina, levando-o de volta a sua aldeia natal. São quatro horas da manhã, e o narrador inicia um novo flashback, ao qual retornaremos em outra conferência — e, por favor, deem valor a meu flashforward, porque aqui (no capítulo 7) os tempos se misturam por completo e é impossível determinar se a última visão fugidia de Adrienne, que o narrador só agora relembra, ocorreu antes ou depois da festa que ele acabou de recordar. O parêntese é breve, porém. Reencontramos o narrador em Loisy, quando um torneio de arco está chegando ao final e ele mais uma vez depara com Sylvie. Agora esta é uma mulher jovem e fascinante, com a qual o narrador evoca vários aspectos de sua infância e adolescência (os flashbacks passam quase que despercebidos); mas ele constata que Sylvie também mudou. Tornou-se artesã, fabrica luvas; lê Rousseau, canta árias de ópera, até aprendeu "fraseado". E, por fim, está para se casar com o irmão de criação e amigo de infância do narrador. Este compreende que não se pode recuperar a idade da ilusão e percebe que perdeu sua última oportunidade.

De volta a Paris, por fim consegue ter um caso com Aurélie, a atriz. Nesse ponto a história se acelera: o narrador mora com a atriz, constata que não a ama de fato e algumas vezes vai com Aurélie à aldeia onde Sylvie é agora uma mãe feliz — e para ele uma amiga, talvez uma irmã. No último capítulo, depois de ser abandonado pela atriz (ou de se deixar ser abandonado), o narrador mais uma vez se dirige a Sylvie, refletindo sobre suas ilusões perdidas.

A história poderia ser banalíssima, porém o emaranhado de flashbacks e flashforwards a torna magicamente irreal. Como disse Proust: "Constantemente se é obrigado a voltar atrás algumas páginas para descobrir onde se está, no presente ou no passado relembrado".[5] O efeito de névoa é tão difuso que em geral o leitor fracassa nessa tarefa. É evidente o motivo pelo qual Proust, que estava fascinado com a busca das coisas passadas e que terminaria sua obra sob a bandeira do tempo revivido, considerava Nerval um mestre e também um precursor malsucedido que perdeu sua batalha com o tempo.

Mas quem é que perde essa batalha? Gérard Labrunie, autor empírico, destinado a cometer suicídio? Nerval, autor-modelo? Ou o leitor? Na época em que estava escrevendo *Sylvie*, Labrunie foi internado várias vezes num estado crítico de saúde mental e em *Aurélie* nos conta que escrevia diligentemente, "quase sempre a lápis em pedaços esparsos de papel, seguindo o curso aleatório de meus devaneios ou de minhas caminhadas". Escrevia como um leitor empírico a princípio lê, sem perceber os elos temporais, o antes e o depois. Proust dirá que *Sylvie* "é um sonho de um sonho", porém Labrunie de fato escrevia como se estivesse sonhando. Isso não se aplica a Nerval, autor-modelo. A aparente incerteza em relação a tempos e lugares que constitui o fascínio de *Sylvie* (e provoca uma crise no leitor do primeiro nível) baseia-se numa estratégia narrativa e numa tática gramatical absolutamente perfeitas — que, todavia, são visíveis só para o leitor do segundo nível.

Como uma pessoa se torna um leitor-modelo de segundo nível? Temos de reconstituir a sequência de fatos que o narrador acabou perdendo a fim de compreender não tanto como o narrador a perdeu, mas sim como Nerval leva o leitor a perdê-la.

Para compreender o que deve ser feito cabe-nos abordar um tema fundamental de todas as teorias narrativas modernas, a distinção que os formalistas russos estabeleceram entre *fabula* e *sjuzet* — termos comumente traduzidos como *história* e *enredo*.*

---

* Eco explica essa distinção em seu livro *Lector in fabula*: "Fábula é o esquema fundamental da narração, a lógica das ações e a sintaxe das personagens, o curso de eventos ordenado temporalmente. [...] O enredo, pelo contrário, é a história como de fato é contada, conforme aparece na superfície, com as suas deslocações temporais, saltos para a frente e para trás [...], descrições, digressões, reflexões parentéticas" (trad. do italiano Attilio Cancian. São Paulo: Perspectiva, 1986, pp. 85-6). (N. T.)

A história de Ulisses, tal como é contada por Homero e reformulada por James Joyce, provavelmente se tornou conhecida dos gregos antes que se escrevesse a *Odisseia*. Ulisses deixa Troia em chamas e se perde no mar com seus companheiros. Encontra povos estranhos e monstros horríveis — os lestrigões, Polifemo, os lotófagos, Cila e Caribde; desce aos infernos, escapa das sereias e acaba sendo capturado pela ninfa Calipso. Então os deuses resolvem ajudá-lo a voltar para sua pátria. Calipso é obrigada a libertar Ulisses, que se lança de novo ao mar, sofre um naufrágio e conta sua história a Alcínoo. Depois parte para a Ítaca, onde mata os pretendentes de Penélope e se reúne a ela. A história se desenvolve à maneira linear, de um momento inicial, T_1, a um momento final, T_x (ver figura 6).

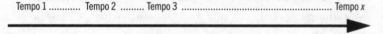

Figura 6: História

Já o enredo da *Odisseia* é muito diferente. A *Odisseia* começa *in medias res*, num momento T_0 em que a voz que chamamos de Homero se põe a falar. Podemos identificar esse momento ou com o dia em que Homero supostamente iniciou sua narrativa ou com o instante em que iniciamos nossa leitura, como quisermos. O importante e que o enredo começa num momento T_1, quando Ulisses já é prisioneiro de Calipso. Entre esse momento e um momento T_2, que corresponde ao Livro 8, Ulisses escapa ao assédio amoroso de Calipso, naufraga entre os feácios e faz seu relato. Mas nesse ponto a história retrocede a uma época que chamaremos de T_{-3}, e refere-se a aventuras anteriores de Ulisses. Esse flashback se estende por boa parte da epopeia, e só no Livro 13 o texto nos reconduz aonde estávamos no Livro 8. Ulisses conclui suas reminiscências e parte para a Ítaca (ver figura 7).

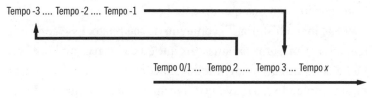

Figura 7: Enredo

Há outros relatos, como os contos de fadas, que são chamados de "formas simples" porque têm apenas uma história, sem enredo. "Chapeuzinho Vermelho" é um deles. Começa com a menina saindo de casa e entrando na floresta e termina com a morte do lobo e a volta de Chapeuzinho para casa. Outro exemplo de forma simples pode ser este *limerick* * de Edward Lear:

There was an old man of Peru
who watched his wife making a stew;
But once by mistake
In a stove did she bake
That unfortunate man of Peru.

[Havia outrora um velho peruano/ que ficava olhando sua mulher cozinhar/ Mas uma vez, por engano,/ num forno ela pôs para assar/ aquele desventurado peruano.]

Vamos tentar contar a mesma história como se fosse uma notícia publicada no *New York Times*: "Lima, 17 de março. Ontem Álvaro González Barreto (41 anos, dois filhos, contador do Banco Industrial do Peru) foi, por engano, cozido numa torta de carne e batata por sua esposa, Lolita Sánchez de Medinaceli". Por que essa

---

* *Limerick:* estrofe humorística de cinco versos, dos quais o primeiro, o segundo e o quinto rimam entre si e o terceiro e o quarto, mais curtos, formam um dístico. (N. T.)

história não é tão boa quanto a de Lear? Porque Lear conta uma história, mas a história é o conteúdo de seu relato. Esse conteúdo tem uma forma, uma organização, que é a da forma simples, e Lear não a complica com um enredo. Ao contrário, expressa a forma de seu conteúdo narrativo por intermédio de uma forma de expressão que consiste nos padrões métricos e nas rimas jocosas típicas do *limerick*. A história é transmitida por um discurso narrativo (ver figura 8).[6]

Figura 8: Texto

Poderíamos dizer que história e enredo não são funções da linguagem, mas estruturas quase sempre passíveis de tradução para outro sistema semiótico. De fato, posso recontar a mesma história da *Odisseia*, organizada de acordo com o mesmo enredo, através de uma paráfrase linguística, como acabei de fazer, ou num filme, ou numa revista em quadrinhos, pois nesses dois sistemas semióticos também existe sinalização de flashback. Por outro lado, as palavras com que Homero conta a história são parte do texto homérico e não é muito fácil parafraseá-las ou traduzi-las em imagens.

Um texto narrativo pode não ter enredo, mas é impossível que não tenha história ou discurso. Até a história de Chapeuzinho Vermelho chegou a nós através de diferentes discursos — de Grimm, de Perrault, de nossas mães. O discurso também faz parte da estratégia do autor-modelo. Quando Lear nos diz que o velho peruano era "desventurado", seu comentário é um elemento do discurso, não da história. Em certo sentido, é o discurso, não a história, que permite ao leitor-modelo saber se deve se comover com o destino do velho peruano. A própria forma do *limerick*, que nos leva a ver o conteúdo como absurdo, irônico e engraçado, também faz parte do discurso, de modo que, ao escolher essa forma, Lear está nos dizendo que podemos rir de uma história que talvez nos fizesse chorar se fosse contada no estilo discursivo do *New York Times*.

Quando o texto de *Sylvie* diz: "Enquanto a carruagem sobe as colinas, reconstituamos as lembranças da época em que eu lá ia com tanta frequência", sabemos que quem nos fala não é o narrador, e sim o autor-modelo. Está claro que nesse momento o autor-modelo se revela na maneira como organiza a história: não através de um enredo, mas através de um discurso narrativo.

Para muitas teorias da literatura, a voz do autor-modelo deveria ser ouvida unicamente através da organização dos fatos (história e enredo); tais teorias reduzem a um mínimo a presença de um discurso — não como se não houvesse discurso, mas como se o leitor não percebesse seus indícios. Para T.S. Eliot, "a única maneira de expressar emoção na forma de arte consiste em encontrar um 'correlativo objetivo'; em outras palavras, um conjunto de objetos, uma situação, uma sequência de eventos que será a fórmula daquela emoção particular".[7] Embora elogie o estilo de Flaubert, Proust o critica por elaborar frases como "aquelas boas e velhas hospedarias que sempre têm algo de campestre". Cita a frase "Madame Bovary aproximou-se da lareira" e comenta, com satisfação: "Em nenhum momento foi dito que ela estava com frio". Proust quer "um estilo coeso, de pórfiro, sem fendas, sem acréscimos", no qual vemos apenas uma simples "aparição" de coisas.[8]

Um termo como "aparição" nos lembra a "epifania" de Joyce.

Em *Dublinenses*, há algumas epifanias em que a mera representação de fatos diz aos leitores o que precisam tentar entender. Por outro lado, na epifania da moça-pássaro em *Retrato do artista quando jovem*, é o discurso, não a simples história, que orienta o leitor. É por isso que acho impossível traduzir para o cinema a aparição da moça no *Retrato*, ao passo que John Huston conseguiu transmitir a atmosfera de uma história como "Os mortos" (em seu filme homônimo) simplesmente dramatizando os fatos, as situações e as conversas das pessoas.

Fui obrigado a fazer essa longa digressão sobre os vários níveis do texto narrativo porque chegou a hora de responder a uma pergunta muito capciosa: se existem textos que só têm uma história e nenhum enredo, não será igualmente possível que alguns textos, como *Sylvie*, tenham apenas um enredo e nenhuma história? *Sylvie* será simplesmente um texto que diz como é impossível reconstituir uma história? O texto pede ao leitor que adoeça, como Labrunie — incapaz de distinguir sonhos, lembranças e realidade? O próprio uso do imperfeito não diz, talvez, que o autor queria que nos perdêssemos, e não que analisássemos seu uso do imperfeito?

Trata-se de escolher entre duas afirmações. Numa delas Labrunie ironicamente diz (numa carta a Alexandre Dumas que aparece em *Les Filles du feu*) que suas obras não são mais complicadas que a metafísica de Hegel, acrescentando que "perderiam o encanto se fossem explicadas, caso houvesse tal possibilidade". A outra é certamente de Nerval e aparece no último capítulo de *Sylvie*: "Tais são as ilusões [*chimères*, no original francês] que nos fascinam e nos desencaminham na aurora da vida. Tentei registrá-las sem muita ordem, e não obstante numerosos corações me compreenderão". Devemos entender que Nerval não seguiu nenhuma ordem, ou, ao contrário, reconhecer que a ordem seguida por ele não se evidencia de imediato? Devemos supor que Proust — que analisou tão minuciosamente o uso dos tempos verbais em Flaubert e era tão atento aos efeitos das estratégias narrativas — não exigia de Nerval nada além de seduzi-lo com seus imperfeitos e achava que Nerval empregava esse tempo cruel, que apresenta a vida como algo efêmero e passivo, simplesmente para inspirar uma vaga tristeza em seus leitores? E seria provável que, após tanto esforço para organizar sua obra, Labrunie não quisesse que percebêssemos e admirássemos os artifícios utilizados para nos confundir?

Disseram-me que a coca-cola é gostosa porque contém certos ingredientes secretos que os magos de Atlanta nunca revelarão —, mas não me agrada o tipo de crítica que segue essa linha. Custa-me crer que Nerval não quisesse que o leitor reconhecesse e apreciasse suas estratégias estilísticas. Nerval queria que percebêssemos por que os períodos de tempo eram indistintos e compreendêssemos como ele conseguiu misturá-los.

Uma objeção poderia ser a seguinte: minha noção de literatura não corresponde à de Nerval e talvez nem mesmo à de Labrunie. Mas voltemos ao texto de *Sylvie*. Essa história — que começa com um vago "*Je sortais d'un théatre*", como se desejasse criar uma atmosfera semelhante à de um conto de fadas — termina com uma data, a única existente no livro. Na última página, quando o narrador perdeu todas as suas ilusões, Sylvie diz: "Pobre Adrienne! Ela morreu no convento de Saint-S... por volta de 1832".

Por que essa data imperiosa tinha de aparecer no final, no ponto mais estratégico do texto, como que rompendo o encantamento com uma referência precisa? Conforme disse Proust: "Constantemente se é obrigado a voltar atrás algumas páginas para descobrir onde se está, no presente ou no passado relembrado". E, se de fato voltamos atrás, percebemos que todo o discurso narrativo está entremeado de referências temporais.

Na primeira leitura elas são invisíveis, porém na segunda se evidenciam plenamente. Na época em que conta sua história, o narrador diz que já estava apaixonado pela atriz havia um ano. Depois do primeiro flashback, refere-se a Adrienne como "um rosto esquecido há anos", mas pensa em Sylvie e se pergunta: "Por que a esqueci durante três anos?". Primeiro o leitor acha que três anos se passaram desde o primeiro e fica ainda mais perdido, porque, se assim fosse, o narrador seria um menino, e não um jovem em busca de prazeres. Entretanto no começo do quarto capítulo, ao iniciar-se o segundo flashback, quando a carruagem está subindo a colina, o texto se abre com "Alguns anos se passaram". Desde quando? Provavelmente desde a infância descrita no primeiro flashback. O leitor pode pensar que alguns anos se passaram entre o tempo do primeiro flashback e o tempo do segundo, e que três anos transcorreram entre o tempo do segundo flashback e o tempo da viagem... Durante o segundo flashback fica claro que o narrador permanece naquele local durante uma noite e o dia seguinte. O sétimo capítulo, que começa com "São quatro horas da madrugada", tem a sequência temporal mais confusa, e o capítulo seguinte nos informa que o narrador chega a Loisy pouco antes do amanhecer. A partir do momento em que o narrador volta para a capital e inicia seu caso com a atriz, as indicações de tempo se tornam mais frequentes: somos informados de que "meses se passaram"; após um fato específico deparamos com "os dias seguintes"; e temos ainda "dois meses depois", "próximo verão", "aquela noite", e assim por diante. Essa voz que nos fala de ligações temporais talvez queira nos fazer perder nossa noção de tempo, mas também nos estimula a reconstituir a sequência exata dos acontecimentos.

É por esse motivo que eu gostaria que examinassem o diagrama da figura 9. Por favor, não encarem isso como um exercício cruel e desnecessário. O diagrama vai nos ajudar a entender um pouco mais o mistério de *Sylvie*. No eixo vertical, temos a sequência cronológica implícita dos fatos (a história), que reconstituí

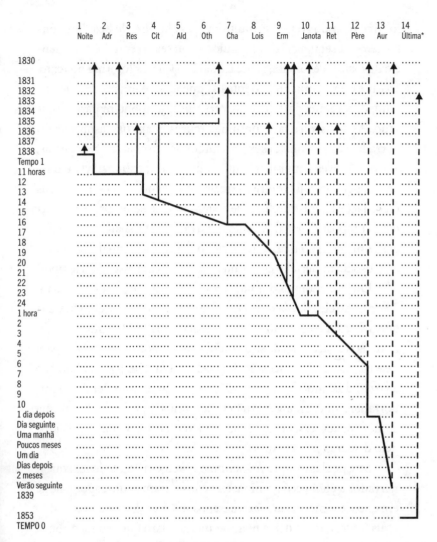

Figura 9

* Os títulos completos dos catorze capítulos de *Sylvie* são os seguintes: 1. Noite perdida; 2. Adrienne; 3. Resolução; 4. Uma viagem a Citera; 5. A aldeia; 6. Othys; 7. Châalis; 8. O baile de Loisy; 9. Ermenonville; 10. O janota; 11. Retorno; 12. O *père* Dodu; 13. Aurélie; 14. Última folha. (N. T.)

mesmo quando Nerval se limita a vagas alusões. No eixo horizontal, temos a sequência dos capítulos — ou seja, o enredo. A sequência da história explícita, sobre a qual Nerval nos informa no texto, aparece como uma linha denteada que acompanha o eixo do enredo; dessa linha partem setas verticais que apontam para o passado. As setas verticais contínuas representam os flashbacks do narrador; as pontilhadas representam os flashbacks (referências, alusões, breves lembranças) que o narrador atribui a Sylvie ou a outras personagens (entre as quais ele mesmo, ao descrever suas recordações para Aurélie). Deveriam iniciar-se no pretérito perfeito composto virtual em que o narrador está falando e apontar para um pretérito mais-que-perfeito composto virtual. No entanto, o uso do imperfeito constantemente mascara esses dois tempos.

Em que momento o narrador fala? Ou seja, onde se situa o T^0 de onde ele fala? Já que o texto faz referência ao século XIX e já que *Sylvie* foi escrito em 1853, consideremos 1853 como o Tempo Zero da narração. Trata-se de mera convenção, um postulado para nele basear minha discussão. Eu poderia também ter decidido que a voz está falando hoje, em 1993, enquanto estamos lendo. O importante é que, uma vez estabelecido um T^0, podemos fazer uma contagem regressiva exata, usando apenas os dados fornecidos pelo discurso narrativo.

Se calculamos que Adrienne morreu em 1832, depois que o narrador a conheceu menina, e se consideramos que, após a noite em que ele tomou a carruagem e após seu regresso a Paris dois dias mais tarde, o texto deixa mais ou menos claro que seu caso com a atriz se iniciou há alguns meses e não alguns anos, podemos situar aproximadamente em 1838 tanto a noite à qual se referem os três primeiros capítulos, quanto todo o episódio do retorno do narrador a Loisy. Se imaginamos o narrador nessa época como um dândi de vinte e poucos anos e se levamos em conta que o primeiro flashback o descreve como um menino de, talvez, doze anos, podemos determinar que a primeira lembrança remonta a 1830. E, como o texto nos diz que em 1838 três anos haviam se passado desde a época à qual se refere o segundo flashback, podemos supor que os fatos tiveram lugar por volta de 1835. A data final, 1832, quando ocorre a morte de Adrienne, nos ajuda porque, em nosso ano reconstituído de 1835, Sylvie faz vagas alusões que nos levam a pensar que nessa época Adrienne já havia morrido ("*Votre religieuse* [...] *Cela a mal tourné*" — quer dizer, "a coisa acabou mal", "foi um fim triste"). Assim, tendo estabelecido duas referências cronológicas convencionalmente precisas — 1853 como o Tempo Zero da voz narrativa e uma noite de 1838 como o Tempo 1 no qual se inicia o jogo de recordações —, podemos determinar uma série regressiva de tempos que nos leva a 1830 e também uma série progressiva que desemboca na separação final da atriz, por volta de 1839.

O que se ganha com essa reconstituição? Absolutamente nada, no caso de um leitor do primeiro nível. Esse leitor talvez consiga dissipar uma parte da névoa, mas perde o encanto de estar perdido. Já os leitores do segundo nível percebem que essas lembranças não têm uma ordem, são desvios repentinos no tempo e rápidos retornos ao presente histórico. Nerval conseguiu criar seus efeitos nebulosos compondo uma espécie de partitura musical.

É como uma melodia, que o leitor pode apreciar primeiro pelos efeitos criados e depois por descobrir como uma série inesperada de intervalos pode produzir tais efeitos. Essa partitura nos mostra como se impõe um ritmo ao leitor "mudando de marcha", por assim dizer. Os flashbacks ocorrem nos primeiros doze capítulos, que cobrem 24 horas (das onze da noite, quando o narrador sai do teatro, à noite seguinte, quando ele deixa seus amigos para regressar a Paris no outro dia). Poderíamos dizer que nessas 24 horas estão contidos oito anos passados. Porém, isso depende de uma ilusão de "óptica" resultante de minha reconstituição. No eixo vertical da figura 9, inseri todos os passos da história que *Sylvie* como texto *pressupõe* mas não explicita — porque o narrador é incapaz de controlar tais estratégias temporais. Desses oito anos recobram-se apenas alguns pontos, uns poucos fragmentos esparsos. Assim, temos no enredo um espaço enorme para narrar umas poucas horas desconexas da história, pois esses oito anos não são narrativamente resgatados e temos de imaginá-los, perdidos como estão na névoa de um passado que por definição é irrecuperável. A quantidade de páginas dedicadas ao esforço de recordar essas horas, sem na verdade reconstituir sua sequência real; a desproporção entre o tempo da lembrança e o tempo efetivamente lembrado é o que produz a sensação de suave sofrimento e doce derrota.

Exatamente por causa dessa derrota, os acontecimentos finais se precipitam em apenas dois capítulos. Saltamos meses e de repente chegamos ao fim. O narrador justifica sua rapidez perguntando: "O que posso dizer agora que não seja a história de tantos outros?". Há apenas dois breves flashbacks. Um, do narrador, que descreve para a atriz sua visão infantil de Adrienne (e agora ele não está mais sonhando, e sim contando a Aurélie uma história que o leitor já conhece); o outro é de Sylvie, e como um relâmpago estabelece a data da morte de Adrienne como o único fato real e inegável da história inteira. Nos dois capítulos finais, o narrador acelera o enredo, porque não sobrou nada da história para revelar. Ele desistiu. Essa mudança de ritmo nos transporta de um tempo de encantamento para um tempo de ilusão, de um tempo estático de sonhos a um tempo acelerado de fatos.

Proust estava certo ao afirmar que esse quadro multicolorido é evocado pela música e não está *nas* palavras, mas *entre* as palavras. Na verdade é criado pela relação entre enredo e história, que comanda até as escolhas léxicas do discurso. Se colocarem a rede transparente história/enredo sobre a superfície discursiva do texto, verão que é exatamente nesses nós, quando o enredo dá um salto atrás no tempo ou retoma o fluxo principal da narração, que ocorrem todas as mudanças nos tempos verbais. Todas essas passagens do imperfeito para o perfeito ou mais-que-perfeito composto, ou do mais-que-perfeito contínuo ao presente e vice-versa, com certeza são inesperadas e muitas vezes imperceptíveis, porém nunca imotivadas.

Contudo, como eu disse na conferência anterior, embora durante anos e anos tenha tratado *Sylvie* com um rigor quase clínico, para mim o livro nunca perdeu seu encanto. Toda vez que o releio é como se meu caso de amor com Sylvie (nunca sei se me refiro ao livro ou à personagem) estivesse começando pela primeira vez. Como é possível, se conheço a rede, o segredo de sua estratégia? Pois a rede pode ser desenhada fora do texto, mas quando o relemos voltamos para dentro do texto, e — uma vez dentro — não é possível ler apressadamente. Claro está que vocês podem folheá-lo rapidamente para encontrar determinada frase, por exemplo; mas nesse caso não estariam lendo, e sim consultando, folheando, "escaneando" como o computador. Se estão lendo, tentando compreender cada frase, percebem que *Sylvie* os obriga a ir devagar. No entanto, se passam a ir devagar, se aceitam o ritmo do livro, vocês se esquecem da rede ou do fio de Ariadne e mais uma vez se perdem nos bosques de Loisy.

Estando doente, Labrunie provavelmente não se deu conta de que havia construído um mecanismo narrativo maravilhoso. Porém as leis desse mecanismo encontram-se dentro do texto, diante de nossos olhos. Como Berthold Schwarz, um monge do século XIV, ao procurar a pedra filosofal, acabou descobrindo a pólvora? Ele não sabia nada sobre pólvora e nem a queria; mas a pólvora existe, infelizmente funciona e funciona segundo uma fórmula química que o pobre Berthold ignorava. Um leitor-modelo encontra e atribui ao autor-modelo o que o autor empírico pode ter descoberto por um feliz acaso.

Quando digo que Nerval queria que identificássemos as estruturas utilizadas no texto para instruir um leitor-modelo, estou fazendo uma conjectura interpretativa. Existem, no entanto, outros casos em que o autor empírico interfere diretamente para nos dizer que deseja se tornar um perfeito autor-modelo. Estou pensando em Edgar Allan Poe e seu ensaio "A filosofia da composição". Muitas pessoas consideraram esse texto uma forma de provocação, uma tentativa de mostrar que, em "O corvo", "nenhum ponto de sua composição se deve a um acidente ou à intuição — que a obra avançou passo a passo até sua conclusão com a precisão e a rígida consequência de um problema matemático". Acho que Poe só quis expor o que esperava que o leitor do primeiro nível sentisse e o leitor do segundo nível descobrisse em seu poema.

Somos tentados a considerar Poe um tanto ingênuo quando diz que uma obra literária deveria ser curta o bastante para que seja possível lê-la de uma única vez, "pois, se duas sessões de leitura se fazem necessárias, os negócios do mundo interferem e a totalidade é destruída de imediato". Parece-me, contudo, que nem mesmo essa prescrição se baseia na psicologia dos leitores empíricos: refere-se à eventual colaboração do leitor-modelo e escamoteia o problema da eterna busca da norma de ouro. Numa segunda etapa, Poe reflete sobre o que considera o efeito principal de um poema, a saber, a beleza: "A beleza de qualquer espécie, em seu desenvolvimento supremo, invariavelmente leva às lágrimas a alma sensível. A melancolia é, portanto, o mais lídimo de todos os tons poéticos". Todavia, Poe quer encontrar "um eixo em torno do qual pudesse girar a estrutura inteira" e declara que "nenhum foi tão universalmente empregado quanto o do refrão".

Poe se demora bastante no poder do refrão, que deriva da "força da monotonia — tanto no som quanto no pensamento"; demora-se também no prazer que "resulta unicamente do senso de identidade — de repetição". Por fim, decide que, para ser monotonamente obsessivo, o refrão tem de ser "uma só palavra [...] sonora e suscetível de ênfase prolongada" e parece-lhe óbvia a escolha dos termos "nunca mais". Contudo, já que não seria razoável atribuir a uma criatura humana um refrão monótono, não lhe resta outra alternativa senão colocá-lo na boca de um animal falante, do Corvo. Em seguida, há outro problema para resolver.

Perguntei a mim mesmo: "De todos os temas melancólicos qual, segundo o entendimento *universal* da humanidade, é o *mais* melancólico?". "A morte", era a resposta evidente. "E quando o mais melancólico dos temas é mais poético?", indaguei. O que já expliquei com alguma minúcia torna a resposta igualmente óbvia: "Quando se associa à *Beleza* da maneira mais íntima". Portanto, a morte de uma bela mulher é sem dúvida o tema mais poético do mundo — e tampouco pairam dúvidas de que os lábios mais adequados a tal tema são os de um amante enlutado.

Então restava-me unir as duas ideias, de um amante lamentando a amada morta e de um Corvo repetindo continuamente "Nunca mais".

Poe não esquece nada, nem mesmo o tipo de ritmo e métrica que considera ideal ("o primeiro é trocaico o último é octonário acatalético, alternando com heptâmetro cataléctico no refrão do quinto verso e terminando com tetrâmetro cataléctico"). Enfim, pergunta-se qual seria o modo mais oportuno de "juntar o amante e o Corvo". O adequado seria fazer com que se encontrassem numa floresta, mas Poe acha necessária uma "estreita circunscrição de espaço", como "a moldura de um quadro", para concentrar a atenção do leitor. Assim, coloca o amante num quarto de sua própria casa, faltando-lhe apenas decidir como haverá de introduzir o pássaro. "E a ideia de introduzi-lo pela janela foi inevitável." O amante confunde o adejar do pássaro contra a janela com uma batida na porta, mas esse detalhe tem por objetivo prolongar a curiosidade do leitor e dar passagem ao "efeito incidental resultante do fato de o amante escancarar a porta, encontrar tudo escuro e adotar a semifantasia de que foi o espírito da amada que bateu". A noite só podia ser tempestuosa (como bem sabe Snoopy),* "para justificar a procura de abrigo por parte do Corvo e, em segundo lugar, para criar um contraste com a serenidade (física) existente no interior do quarto". Finalmente, o autor resolve fazer o pássaro pousar no busto de Palas por causa do contraste visual entre a alvura do mármore e o negror da plumagem, "sendo escolhido o busto de Palas primeiro porque condiz com a erudição do amante e segundo por causa da própria sonoridade do nome Palas".

Será que preciso continuar citando esse texto extraordinário? Poe não está nos dizendo — como parece a princípio — que efeitos deseja criar na alma de seus leitores empíricos; se fosse assim, teria mantido seu segredo e considerado a fórmula do poema tão secreta quanto a da coca-cola. Quando muito, ele nos revela como produziu o efeito que deve impressionar e seduzir seu leitor do primeiro nível. Na realidade, nos conta o que gostaria que seu leitor do segundo nível descobrisse.

O leitor-modelo deveria procurar a mítica figura-no-tapete celebrada por Henry James? Podemos considerar tal figura como o significado último de uma obra de arte, mas aqui não se trata disso. Poe não identifica o significado último e unívoco de seu poema: ele descreve a estratégia que concebeu para habilitar o leitor a explorar seu poema incessantemente.

Talvez tenha decidido revelar seu método porque até então não havia encontrado seu leitor ideal e queria agir como o melhor leitor de seu próprio poema. Sendo assim, seu gesto foi um ato pa-

---

* Snoopy passou tiras e mais tiras tentando escrever um livro que começaria mais ou menos assim: "Era uma noite tempestuosa e fria...". (N. T.)

tético de terna arrogância e orgulho humilde; ele nunca devia ter escrito "A filosofia da composição" e devia ter deixado para *nós* a tarefa de entender seu segredo. Mas sabemos que, em termos de saúde mental, Edgar não estava em situação melhor que a de Gérard. Este último dava a impressão de não saber o que estava fazendo, enquanto aquele primeiro dá a impressão de saber demais. A reserva (a louca inocência de Labrunie) e a verbosidade (o excesso de fórmulas de Poe) pertencem à psicologia dos dois autores empíricos. Contudo, a loquacidade de Poe nos permite entender a reticência de Labrunie. Temos de transformar este último em autor-modelo e fazê-lo contar o que escondeu de nós; quanto ao primeiro, devemos reconhecer que, mesmo que o autor empírico não tivesse dito nada, a estratégia do autor-modelo seria muito clara a partir do texto. A figura perturbadora "no pálido busto de Palas" tornou-se agora nossa própria descoberta. Podemos vagar durante muito tempo por aquele quarto, assim como pela floresta situada entre Loisy e Châalis, procurando a Adrienne-Lenore perdida e não querendo mais sair daqueles bosques. Nunca mais.

3. Divagando pelo bosque

Ao rejeitar o manuscrito de *Em busca do tempo perdido*, de Proust, um tal monsieur Humblot escreveu ao editor Ollendorff: "Posso ser lerdo, mas simplesmente não consigo acreditar que alguém ocupe trinta páginas para descrever como uma pessoa se agita e se revira na cama antes de pegar no sono".

Quando enalteceu a rapidez, Calvino preveniu: "Não quero dizer que a rapidez é um valor em si. O tempo narrativo também pode ser lento, cíclico ou imóvel [...]. Esta apologia da rapidez não pretende negar os prazeres da demora".[1] Se tais prazeres não existissem, não poderíamos admitir Proust no Panteão das letras.

Se, como observamos, um texto é uma máquina preguiçosa que pede ao leitor para fazer parte de seu trabalho, por que um texto não poderia demorar-se, diminuir a velocidade, dar um tempo? Uma obra de ficção, poderíamos supor, descreve pessoas em ação, e o leitor quer saber como essas ações se desenvolvem. Disseram-me que, em Hollywood, quando um produtor está ouvindo a história ou enredo de um filme proposto e acha que contém muito detalhe, ele grita: "Vamos ao que interessa!". E isso significa: não percamos tempo, deixemos de lado as sutilezas psicológicas, vamos direto ao clímax, quando Indiana Jones é perseguido por uma multidão de inimigos ou quando John Wayne e seus companheiros estão prestes a ser derrotados por Jerônimo em *Stagecoach* [No tempo das diligências].

Por outro lado, encontramos nos velhos manuais de casuística sexual que tanto encantavam o Des Esseintes, de Huysmans, a noção de *delectatio morosa*, uma demora concedida até mesmo àqueles que sentem a necessidade premente de procriar. Se algo importante ou absorvente está ocorrendo, temos de cultivar a arte da demora. Vamos a um bosque para passear. Se não somos obrigados a sair correndo para fugir do lobo ou do ogro, é uma delícia nos demorarmos ali, contemplando os raios do sol que brincam por entre as árvores e salpicam as clareiras, examinando o musgo, os cogumelos, as plantas rasteiras. Demorar-se não quer dizer perder tempo: com frequência, a gente para a fim de refletir antes de tomar uma decisão.

Mas, já que se pode passear num bosque sem ir a nenhum lugar específico e já que às vezes é divertido se perder por puro prazer, vou falar daqueles passeios que a estratégia do autor induz o leitor a dar.

Uma das técnicas que um autor pode utilizar para demorar-se ou diminuir a velocidade é a que permite ao leitor dar "passeios inferenciais". Falei sobre este conceito em *Lector in fabula*.[2]

Em toda obra de ficção, o texto emite sinais de suspense, quase como se o discurso se tornasse mais lento ou até parasse, e como se o escritor estivesse sugerindo: "Agora tente *você* continuar...". Quando falei em "passeios inferenciais", quis dizer, nos termos de nossa metáfora silvestre, caminhadas imaginárias fora do bosque: a fim de prever o desenvolvimento de uma história, os leitores se voltam para sua própria experiência de vida ou seu conhecimento de outras histórias. Nos anos 1950, a revista *Mad* publicou algumas histórias em quadrinhos intituladas "Scenes We'd Like to See" [Cenas que gostaríamos de ver], das quais temos um exemplo na figura 10.[3] Claro

Figura 10

está que essas histórias tinham por objetivo frustrar os passeios inferenciais do leitor, o qual inevitavelmente imaginava finais típicos dos filmes de Hollywood.

Mas os textos nem sempre são tão maldosos e, em geral, tendem a conceder ao leitor o prazer de fazer uma previsão que se revelará correta. No entanto, não devemos cometer o erro de pensar que os sinais de suspense são característicos unicamente dos folhetins baratos ou dos filmes comerciais. O processo de fazer previsões constitui um aspecto emocional necessário da leitura que coloca em jogo esperanças e medos, bem como a tensão resultante de nossa identificação com o destindas personagens.[4]

A obra-prima da literatura italiana do século XIX é *Os noivos*, de Alessandro Manzoni. Quase todos os italianos odeiam esse livro porque foram obrigados a lê-lo na escola. Mas meu pai me incentivou a ler *Os noivos* antes que meus professores me obrigassem, e adoro esse romance.

Em determinado ponto do livro, dom Abbondio, um cura provinciano do século XVII cujo traço principal é a covardia, está voltando para casa e recitando seu breviário quando vê "uma coisa que absolutamente não esperava nem desejava ver" — qual seja, dois *bravi* que o esperam. Naquela época, os *bravi* eram mercenários ou aventureiros, bandidos a serviço dos aristocratas espanhóis que dominavam a Lombardia, sendo usados por seus patrões para perpetrar os mais sujos dos trabalhos sujos. Outro escritor poderia querer aplacar nossa impaciência de leitor e dizer-nos logo o que está acontecendo — poderia "ir ao que interessa". Manzoni não. Ele faz uma coisa que o leitor talvez ache inacreditável. Reserva algumas páginas, ricas em detalhe histórico, para explicar quem eram esses *bravi*. Depois volta para dom Abbondio, porém não o coloca imediatamente em contato com os bandidos. Ele nos mantém esperando:

Era óbvio que os dois homens mencionados anteriormente estavam à espera de alguém; entretanto, a coisa de que dom Abbondio menos gostou foi ver-se obrigado a perceber por certos indícios inequívocos que estavam a sua espera. Pois, quando apareceu, os dois se entreolharam, levantando a cabeça num movimento que condizia claramente com as palavras: "É ele!". Então o homem que estava escarranchado no muro se levantou, postando-se na estrada; o outro afastou-se do muro ao qual se encostava, e ambos começaram a andar na direção do padre. Dom Abbondio ainda mantinha o breviário aberto a sua frente, como se estivesse lendo, mas sempre espiava por sobre o livro a fim de observar o que os dois faziam. Quando os viu aproximarem-se dele, mil pensamentos desagradáveis o assaltaram de imediato. Primeiro, perguntou-se rapidamente se haveria um desvio em algum lugar entre ele e os *bravi*, fosse para a direita, fosse para a esquerda; entretanto, lembrou-se com clareza de que não existiam tais atalhos. Às pressas, vasculhou a mente a fim de verificar se havia incorrido no pecado de ofender homens poderosos ou vingativos; porém, mesmo nesse instante de aflição, encontrou um pequeno consolo ao constatar que tinha a consciência absolutamente tranquila. E, não obstante, os *bravi* se aproximavam, fitando-o. O padre enfiou os dedos indicador e médio da mão esquerda no colarinho, como se o ajeitasse; e passou-os pelo pescoço, ao mesmo tempo que, contraindo os lábios, virou a cabeça e, pelo canto dos olhos, espiou para trás, para o ponto mais distante que conseguia alcançar, a fim de ver se alguém vinha naquela direção. Mas não avistou ninguém. Olhou por sobre o muro para os campos: ninguém. Dirigiu para a frente um olhar mais cuidadoso: ninguém, a não ser os dois *bravi*.

O que haveria de fazer?[5]

O que há a fazer? Vejam que essa pergunta é endereçada não só a dom Abbondio, como também ao leitor. Manzoni é mestre em salpicar sua narração com repentinas e astutas interpelações ao leitor, e essa é uma das menos sorrateiras. O que você teria feito no lugar de dom Abbondio? Aí está um exemplo típico de como um autor-modelo, ou o texto, pode convidar o leitor a dar um passeio inferencial. A tática da delonga serve para estimular esse passeio. Notem, ademais, que não cabe aos leitores se perguntarem o que deve ser feito, pois é evidente que dom Abbondio não tem como escapar. Os leitores podem igualmente querer enfiar dois dedos no colarinho — não para ajeitá-lo, e sim para dar uma espiada na continuação da história. São convidados a imaginar o que os dois *bravi* querem de um homem tão inofensivo e normal. Bem, eu não vou lhes contar. Se ainda não leram *Os noivos*, está na hora de ler. De qualquer modo, devem saber que tudo no romance deriva desse encontro.

Contudo, poderíamos nos perguntar se Manzoni precisava inserir aquelas páginas de informação histórica sobre os *bravi*. O leitor fica tentado a saltá-las, é claro, e todos os leitores de *Os noivos* de fato as saltaram, pelo menos na primeira vez. E, no entanto, a estratégia narrativa leva em consideração até mesmo o tempo necessário para virar as páginas não lidas, porque o autor-modelo sabe (ainda que o autor empírico não soubesse expressá-lo conceitualmente) que numa obra de ficção o tempo figura sob três formas: o tempo da história, o tempo do discurso e o tempo de leitura.

O *tempo da história* faz parte do conteúdo da história. Se o texto diz que "mil anos se passam", o tempo da história são mil anos. Mas, no nível da expressão linguística, ou no nível do discurso ficcional, o tempo de escrever (e ler) a frase é muito curto. É por isso que um *tempo do discurso* rápido pode exprimir um tempo da história bastante longo. Naturalmente, o contrário também pode acontecer: vimos na conferência anterior que Nerval precisou de doze capítulos para nos contar o que aconteceu em uma noite e um dia; e, depois, em dois capítulos curtos nos contou o que aconteceu no decorrer de meses e anos.

    Entre os teóricos da ficção, há um certo consenso de que é fácil estabelecer o tempo da história.[6] Do momento da partida ao momento da chegada *A volta ao mundo em oitenta dias*, de Jules Verne, dura oitenta dias — pelo menos para os membros do Reform Club que estão esperando em Londres (para Phileas Fogg, que está viajando para o leste, dura 81). Todavia, é menos fácil determinar o tempo do discurso. Devemos baseá-lo na extensão do texto escrito ou no tempo que a leitura demanda? Não podemos ter certeza de que essas duas durações são exatamente proporcionais. Se tivéssemos de calculá-lo a partir do número de palavras, os dois trechos que vou ler para vocês exemplificariam o fenômeno narrativo que Gérard Genette chama de "isocronia" e Seymour Chatman chama de "cena" — ou seja, onde a história e o discurso têm duração relativamente igual, como acontece com os diálogos. O primeiro exemplo foi tirado de um romance policial do tipo *hard-boiled*, um gênero narrativo em que tudo se resume em ação e o leitor não tem um minuto de sossego. A descrição ideal nesse tipo de romance é a do massacre do dia de são Valentim: alguns segundos, e todos os inimigos são liquidados. Mickey Spillane, que nesse sentido era o Al Capone da literatura, descreve no final de *One Lonely Night* [Uma noite solitária] uma cena que tinha de ocorrer em alguns instantes:

> Ouviram meu grito e o rugido medonho da metralhadora e as balas varando ossos e tripas e foi a última coisa que ouviram. Caíram ao tentar correr e sentiram suas entranhas saltarem para fora e se esparramarem contra a parede. Vi a cabeça do general espatifar-se em fragmentos brilhantes e molhados e salpicar o chão. O cara do metrô tentou deter as balas com as mãos e se dissolveu num pesadelo de buracos azuis.[7]

Eu seria capaz de executar o massacre antes de terminar a leitura do trecho, mas podemos nos dar por razoavelmente satisfeitos. Vinte e seis segundos de leitura para dez segundos de massacre é um bom tempo. No cinema, em geral, temos uma correspondência precisa entre o tempo do discurso e o tempo da história — um bom exemplo de *cena*.

Mas vamos ver agora como Ian Fleming descreve outro fato horrorizante, a morte de Le Chiffre em *Casino Royale*.

> Ouviu-se um nítido "ffft", como o de uma bolha de ar escapando de um tubo de pasta de dentes. Nenhum outro ruído, e de repente Le Chiffre ganhou mais um olho, um terceiro olho no mesmo nível dos outros dois, bem no ponto em que o nariz grosso começava a projetar-se sob a testa. Era um pequeno olho preto, sem pálpebras nem sobrancelhas. Por um segundo, os três olhos percorreram a sala e então pareceu que o rosto inteiro escorregou e caiu sobre o joelho. Os dois olhos laterais se voltaram trêmulos para o teto.[8]

A história se passa em dois segundos — um para Bond atirar e o outro para Le Chiffre fitar a sala com seus três olhos —, mas levei 42 segundos para ler essa passagem. Quarenta e dois segundos para 97 palavras em Fleming é proporcionalmente mais lento que 26 segundos para 75 palavras em Spillane. A leitura em voz alta ajudou a lhes dar a impressão de uma descrição em ritmo lento, que num filme (de Sam Peckinpah, por exemplo) teria durado muito, como se o tempo tivesse parado. No texto de Spillane, senti a tentação de acelerar o ritmo de minha leitura, ao passo que ao ler Fleming diminuí a velocidade. Eu diria que Fleming é um bom exemplo de "esticadela", em que o discurso se torna lento em comparação com a velocidade da história. No entanto, a "esticadela", como a cena, não depende do número de palavras, e sim do *ritmo* que o texto impõe ao leitor. Além disso, numa leitura silenciosa temos a tentação de nos apressar em Spillane, enquanto em Fleming somos levados a saborear (se é que podemos usar essa palavra para uma descrição tão apavorante). Com os termos que escolhe, as metáforas, as maneiras como fixa a atenção do leitor, Fleming o obriga a olhar de modo muito incomum para um homem que leva um tiro na testa; em contrapartida, as expressões utilizadas por Spillane evocam visões de massacre que já pertencem às lembranças de nosso leitor ou espectador. Temos de admitir que a comparação do ruído de um silenciador com o de uma bolha de ar e a metáfora do terceiro olho e os dois olhos naturais que em dado momento olham para um ponto que o terceiro não pode ver são um exemplo daquela *desfamiliarização* enaltecida pelos formalistas russos.

Em seu ensaio sobre o estilo de Flaubert,[9] Proust diz que uma das virtudes de Flaubert é saber transmitir excepcionalmente bem a impressão de tempo. E Proust, que se estendeu por trinta páginas para descrever uma pessoa agitando-se e revirando-se na cama, admira com entusiasmo o final de *A educação sentimental*, que tem de melhor não uma frase, mas um espaço em branco, diz ele.

Proust observa que Flaubert, após dedicar numerosas páginas à descrição dos atos mais insignificantes de seu protagonista Frédéric Moreau, acelera ao aproximar-se do final, quando apresenta um dos momentos mais dramáticos da vida de Frédéric. Após o golpe de Estado de Luís Napoleão, Frédéric testemunha uma carga da cavalaria no centro de Paris, observa excitadamente a chegada de um esquadrão de dragões "debruçados sobre seus cavalos, as espadas desembainhadas", vê um policial de espada em punho atacar um rebelde que cai morto. "E Frédéric, boquiaberto, reconheceu Sénécal."

Nesse ponto, Flaubert encerra o capítulo, e o espaço em branco que se segue parece a Proust um "imenso vazio". Depois, "sem sombra de transição, enquanto a medida do tempo subitamente passa de um quarto de hora para anos, décadas", Flaubert escreve:

> Ele viajou.
>
> Conheceu a melancolia dos barcos a vapor, o frio despertar na barraca, o tédio das paisagens e das ruínas, o amargor das amizades interrompidas.
>
> Ele voltou.
>
> Frequentou a sociedade e teve outras amantes. Todavia a lembrança sempre presente da primeira as tornava insípidas; e ademais a violência do desejo, a própria flor do sentimento, se perdera.[10]

Poderíamos dizer que Flaubert acelerou passo a passo o tempo do discurso, primeiro para transmitir a aceleração dos acontecimentos (ou do tempo da história). Mas então, depois do espaço em branco, ele inverte o processo e produz um tempo de história longuíssimo num tempo de discurso brevíssimo. Acho que aqui temos um exemplo de "desfamiliarização" que não é obtida semanticamente, e sim por meio da sintaxe, e na qual o leitor é obrigado a "mudar de marcha" através daquele vazio simples porém enorme.

Portanto, o tempo do discurso é o resultado de uma estratégia textual que interage com a resposta dos leitores e lhes impõe um tempo de leitura.

Nesse ponto, podemos voltar à pergunta que fizemos em relação a Manzoni. Por que ele inseriu aquelas páginas de informação histórica sobre os *bravi*, sabendo muito bem que o leitor as saltaria? Porque até mesmo o ato de saltar leva tempo, ou pelo menos dá a impressão de levar algum tempo para economizar mais tempo. Os leitores sabem que estão saltando (talvez em silêncio prometam a si mesmos que depois vão ler aquelas páginas) e devem deduzir ou conscientizar-se de que estão saltando páginas que contêm informações essenciais. O autor não apenas insinua ao leitor que fatos como os que se pôs a narrar de fato aconteceram, mas também mostra a medida em que aquela pequena história está arraigada na História. Se o leitor entende isso (ainda que tenha saltado as páginas sobre os *bravi*), o gesto de dom Abbondio (enfiar os dedos no colarinho) se torna muito mais dramático.

Como um texto pode impor um ritmo de leitura? Vamos entender isso melhor pensando no que acontece em arquitetura e nas artes figurativas.

Costuma-se dizer que existem formas de arte nas quais a duração do tempo desempenha um papel específico e o tempo do discurso coincide com o "tempo de leitura"; isso ocorre na música, sobretudo, e no cinema. O tempo do discurso num filme não coincide necessariamente com o tempo da história, ao passo que na música há perfeita harmonia entre os três tempos (a não ser que se queira identificar a história com o tema ou a sequência melódica, o enredo e o discurso com um tratamento complexo desses temas, através de variações ou flashbacks de temas anteriores, como é o caso de Wagner). Essas artes temporais permitem apenas um "tempo de releitura", pois o observador ou o ouvinte pode ouvir ou ver várias e várias vezes e hoje a gravação em discos, fitas, compact discs e videocassetes ampliou imensamente esse privilégio.

Em contrapartida, parece que as artes do espaço, como a pintura e a arquitetura, não têm nada a ver com tempo. Com certeza podem incorporar evidências formais de seu envelhecimento físico ao longo dos séculos (falam-nos de sua História), mas parece que não admitem a fruição do tempo. No entanto mesmo uma obra de arte visual requer um *tempo circum-navegacional*. A escultura e a arquitetura requerem — e impõem, pela complexidade de sua estrutura — um tempo mínimo para o observador vivenciá-las inteiramente. Podemos passar um ano circum-navegando a catedral de Chartres sem nos dar conta da quantidade de detalhes escultóricos e arquitetônicos que nos falta descobrir. A circum-navegação da

Beinecke Library de Yale, com seus quatro lados idênticos e suas janelas simétricas, demanda menos tempo que a da catedral de Chartres. A rica decoração arquitetônica representa uma imposição da forma arquitetônica sobre os espectadores, pois quanto mais rico o detalhe, mais tempo exige para ser apreciado. Algumas obras de arte pictórica requerem vários exames. Um quadro de Jackson Pollock, por exemplo, à primeira vista, está aberto a uma inspeção rápida (o observador vê apenas matéria informal), mas numa inspeção posterior deve ser interpretado como o próprio registro do processo de sua formação, e — como acontece num bosque ou num labirinto — é difícil dizer que caminho é o melhor, por onde começar, que direção escolher para penetrar na imagem imóvel resultante do ato de aplicar tinta.

Na ficção escrita, com certeza é difícil estabelecer o tempo do discurso e o tempo de leitura; entretanto, não há dúvida de que às vezes uma grande quantidade de descrição, uma abundância de detalhes mínimos podem ser não tanto um artifício de representação quanto uma estratégia para diminuir a velocidade do tempo de leitura até o leitor entrar no ritmo que o autor julga necessário para a fruição do texto.

Existem determinadas obras que, a fim de impor esse ritmo ao leitor, tornam idênticos o tempo da história, o tempo do discurso e o tempo de leitura. Na televisão, isso seria *programação ao vivo*. Pensem naquele filme em que Andy Warhol passou o dia inteiro arrastando uma câmera pelo Empire State Building. Em literatura, é difícil quantificar o tempo de leitura, mas poderíamos dizer que a leitura do último capítulo de *Ulysses* demanda no mínimo o mesmo tempo que Molly levou para pensar durante seu fluxo de consciência. Outras vezes só precisamos usar critérios de proporcionalidade: se você leva duas páginas para dizer que uma pessoa percorreu um quilômetro, então vai precisar de quatro páginas para dizer que essa pessoa percorreu dois quilômetros.

Georges Perec, o grande prestidigitador da literatura, certa vez acalentou a ambição de escrever um livro tão grande quanto o mundo. Depois entendeu que não conseguiria, e em *Tentative d'épuisement d'un lieu parisien* [Tentativa de esgotar um local parisiense] tentou mais humildemente descrever "ao vivo" tudo o que havia acontecido na Place Saint-Sulpice entre 18 e 20 de outubro de 1974. Bem consciente de que sobre essa praça muito já havia sido escrito, Perec resolveu descrever o resto, o que nenhum livro de História, nem romance, jamais contou: a totalidade da vida cotidiana. Ele se senta num banco ou num dos dois bares da praça e durante dois dias inteiros registra tudo o que vê: os ônibus que passam, um turista japonês que o fotografa, um homem com uma capa de chuva verde; nota que todos os transeuntes têm pelo menos uma das mãos ocupada, segurando uma bolsa, uma pasta, a mão de uma criança, a trela de um cachorro; chega a escrever que viu um tipo parecido com o ator Peter Sellers. Às duas da tarde do dia 20 de outubro, Perec para. É impossível contar tudo o que acontece em determinado ponto do mundo, e ao fim e ao cabo seu texto tem sessenta páginas e pode ser lido em meia hora. Quer dizer, desde que o leitor não queira saboreá-lo devagar durante uns dois dias, tentando imaginar cada cena descrita. A essa altura, porém, estaríamos falando não de tempo de leitura, e sim de tempo de alucinação. Da mesma forma, podemos usar um mapa para imaginar viagens e aventuras extraordinárias em terras e mares desconhecidos, mas nesse caso o mapa se torna um mero estímulo e o leitor se torna o narrador. Sempre que me perguntam que livro eu levaria para uma ilha deserta, respondo: "A lista telefônica: com todas aquelas personagens eu poderia inventar um número infinito de histórias".

Pode-se procurar congruência entre os tempos da história, do discurso e da leitura por motivos que pouco têm a ver com arte. Demora nem sempre indica nobreza. Uma vez me perguntei como é que alguém poderia determinar cientificamente se um filme é pornográfico ou não. Um moralista diria que um filme é pornográfico se contém cenas explícitas e minuciosas de atos sexuais. Mas em muitos processos por pornografia demonstrou-se que algumas obras de arte contêm esse tipo de cena em função de propósitos realísticos (mostrar a vida como ela é) ou éticos (condenar a sensualidade apresentada) e que, de qualquer modo, o valor estético da obra como um todo redime a obscenidade das partes.

Como é difícil determinar se um autor está de fato preocupado com o realismo, ou tem sinceras intenções éticas ou atinge resultados satisfatórios do ponto de vista estético, depois de examinar muitos filmes declaradamente pornográficos, cheguei à conclusão de que existe uma norma infalível.

Ao tentar avaliar um filme que contém cenas de sexo explícito, verifiquem se quando uma personagem entra num elevador ou num carro o tempo do discurso coincide com o tempo da história. Flaubert pode dizer numa só linha que Frédéric viajou durante muito tempo, e nos filmes comuns uma personagem que toma o avião no Logan Airport estará desembarcando em San Francisco na cena seguinte. Mas num filme pornográfico, se alguém pega um carro para percorrer dez quarteirões, o carro vai percorrer esses dez quarteirões no tempo real. Se alguém abre uma geladeira e se serve de um refrigerante que vai tomar na poltrona depois de ligar a televisão, a ação demora exatamente o mesmo tempo que levaria se vocês estivessem fazendo a mesma coisa em suas casas.

O motivo é muito simples. Um filme pornográfico deve satisfazer o desejo que o público tem de ver cenas de sexo explícito, mas não pode ficar uma hora e meia mostrando sexo sem parar, pois isso seria cansativo para os atores — e em última instância também para a plateia. Assim, é preciso distribuir os atos sexuais ao longo da história. Entretanto, ninguém tem a menor intenção de investir tempo e dinheiro numa história razoável, nem os espectadores têm o menor interesse na história, porque só estão ali esperando as cenas de sexo. Por isso, a história se reduz a atos insignificantes do cotidiano, como ir a algum lugar, tomar um uísque, vestir um casaco, falar de coisas irrelevantes; e é mais barato filmar um sujeito dirigindo um carro do que um tiroteio à moda de Mickey Spillane (o que ainda iria distrair o espectador). Assim, tudo o que não é sexo explícito tem de levar o mesmo tempo que levaria no cotidiano — enquanto os atos sexuais têm de levar *mais tempo* do que levariam na realidade. Então, esta é a norma: quando duas personagens de um filme demoram para ir de A a B o mesmo tempo que demorariam na vida real, podemos ter absoluta certeza de que estamos diante de um filme pornográfico. Naturalmente, as cenas de sexo explícito também são indispensáveis — do contrário teríamos de considerar pornográfico, e não é o caso, um filme como *Im Lauf der Zeit* [No decurso do tempo] (1976), de Wim Wenders, que em inglês se intitulou *Kings of the Road* [Reis da estrada] e, na maior parte de suas quatro horas, mostra duas pessoas viajando num caminhão, sem pornografia nenhuma.

Em geral, cita-se o diálogo como o maior exemplo de perfeita congruência entre o tempo da história e o tempo do discurso. Mas agora vamos ver o caso excepcional de um autor que, por motivos absolutamente alheios à literatura, conseguiu inventar um diálogo que dá a impressão de ser mais longo que um diálogo real. Alexandre Dumas costumava ganhar por linha ao escrever seus romances, que eram publicados em folhetim, e muitas vezes tratava de aumentar o número de linhas a fim de receber um pouquinho mais. No capítulo 11 de *Os três mosqueteiros* (livro ao qual voltaremos em outra conferência), D'Artagnan encontra sua amada, Constance Bonacieux, desconfia de sua fidelidade e procura descobrir por que ela estava perto da casa de Aramis à noite. Vamos ver uma parte, e apenas uma parte, do diálogo que ocorre nesse ponto do romance:

"Sem dúvida Aramis é um de meus melhores amigos."
"Aramis? Quem é?"
"Ora, ora, não venha me dizer que não conhece Aramis!"
"É a primeira vez que ouço alguém pronunciar tal nome."
"Então é a primeira vez que vai àquela casa?"
"Certamente."
"E não sabia que lá morava um jovem?"
"Não."
"Um mosqueteiro?"
"Absolutamente."
"Então não era a ele que a senhora procurava?"
"De forma alguma. Aliás, o senhor deve ter visto que a pessoa com quem falei era uma mulher."
"Com efeito; no entanto essa mulher pode ser uma das amigas de Aramis."
"Sobre isso nada sei."
"Já que mora em sua casa…"
"Isso não me diz respeito."
"Mas quem é ela?"
"Oh! Eis aí um segredo que não me pertence."
"Querida madame Bonacieux, a senhora é encantadora, porém ao mesmo tempo é uma das mulheres mais misteriosas."
"E perco muita coisa com isso?"
"Não; ao contrário, a senhora é adorável!"
"Dê-me seu braço, então."
"Com o maior prazer. E agora?"
"Agora, acompanhe-me."
"Aonde?"
"Aonde estou indo."

"Mas aonde a senhora está indo?"

"Já há de ver, pois me deixará na porta."

"Devo esperá-la?"

"Será inútil."

"Então, voltará sozinha?"

"Talvez sim, talvez não."

"Mas a pessoa que depois a acompanhará há de ser um homem ou uma mulher?"

"Ainda não sei."

"Porém eu o saberei!"

"Como?"

"Esperarei para ver madame sair."

"Sendo assim, adeus!"

"Por quê?"

"Não preciso do senhor."

"Mas a senhora pediu…"

"A ajuda de um cavalheiro, não a vigilância de um espião."

"A palavra é um tanto dura."

"Como se chamam aqueles que seguem os outros contra a vontade destes?"

"Indiscretos."

"A palavra é muito branda."

"Bem, madame, vejo que devo agir como bem lhe aprouver."

"Por que se privou do mérito de fazê-lo imediatamente?"

"Não há mérito no arrependimento?"

"E está de fato arrependido?"

"Sobre mim mesmo nada sei. No entanto, sei que prometo fazer tudo o que madame desejar, se permitir que a acompanhe ao lugar aonde vai."

"E depois me deixará?"

"Sim."

"Não esperará para me ver sair?"

"Não."
"Palavra de honra?"
"Por minha fé de cavalheiro!"
"Tome meu braço, pois, e vamo-nos."[11]

Com certeza conhecemos outros exemplos de diálogo extenso e irrelevante — como em Ionesco ou em Ivy Compton-Burnett —, porém nesses casos o diálogo é inconsistente porque foi concebido para expressar irrelevância. No caso de Dumas, um apaixonado ciumento e uma dama que precisa se apressar para encontrar lorde Buckingham e com ele ir ter à presença da rainha da França não deveriam perder tempo com tais *marivaudages*. Aqui a demora não é "funcional"; assemelha-se mais à desaceleração que encontramos nos filmes pornográficos.

E, contudo, Dumas era mestre em criar a demora narrativa que visa produzir o que eu chamaria de *tempo de trepidação* — ou seja, o que retarda um final dramático. Nesse sentido, *O conde de Monte Cristo* é uma obra-prima. Aristóteles já havia estipulado que longas peripécias deviam preceder a catástrofe e a catarse.

No excelente filme de John Sturges, *Bad Day at Black Rock* [Conspiração do silêncio] (1954), um veterano da Segunda Guerra Mundial, um sujeito de modos tranquilos e com o braço esquerdo estropiado, interpretado por Spencer Tracy, chega a uma cidade no meio de um ermo para encontrar o pai de um soldado japonês morto e se torna objeto de uma perseguição insuportável movida por um bando de racistas. Os espectadores se identificam com o sofrimento de Tracy e seu anseio de uma vingança impossível, passando uma hora de frustração intolerável... Em dado momento, quando Tracy está tomando alguma coisa numa lanchonete, um indivíduo odioso o provoca, e de repente aquele homem sereno faz um rápido movimento com seu braço bom e desfecha no adversário um golpe formidável; o outro rola pelo chão e cai na rua, depois de arrebentar a porta. Conquanto inesperado, esse ato de violência foi preparado por uma série tão lenta de insultos tão dolorosos que adquire um valor catártico para os espectadores, os quais afinal relaxam em suas poltronas. Se tivessem de esperar menos tempo e se sua trepidação fosse menos intensa, a catarse não seria tão completa.

A Itália é um daqueles países em que se pode entrar no cinema a qualquer momento e depois ficar para ver o filme desde o início. Em minha opinião, esse é um bom costume, pois acho que um filme se parece muito com a vida sob certo aspecto: entrei nesta vida quando meus pais já haviam nascido e a *Odisseia* de Homero já estava escrita; então procurei voltar atrás na história, como fiz com *Sylvie*, até entender mais ou menos o que acontecera no mundo antes de eu chegar. Assim, acho certíssimo fazer a mesma coisa com os filmes. Na noite em que vi *Bad Day at Black Rock*, notei que depois do gesto violento de Spencer Tracy (que não ocorre no final do filme) metade da plateia se levantou e foi embora. Eram espectadores que chegaram no começo daquela *delectatio morosa* e ficaram para desfrutar outra vez as fases preparatórias daquele momento de liberação. O exemplo mostra que o tempo de trepidação visa não só manter a atenção do espectador ingênuo do primeiro nível, mas também estimular a fruição estética do espectador do segundo nível.

Eu não gostaria que vocês pensassem que essas técnicas (naturalmente mais óbvias em obras menos complexas) pertencem apenas à arte e à literatura populares. Na verdade, gostaria de lhes mostrar um exemplo de demora em escala monumental, que se estende por centenas de páginas e cuja finalidade é nos preparar para um momento de satisfação e alegria sem fim, diante do qual os prazeres de um filme pornográfico se tornam insignificantes. Refiro-me à *Divina comédia*, de Dante. E, se falamos de Dante aqui, temos de pensar e até mesmo tentar ser seu leitor-modelo —

um leitor medieval, com a firme convicção de que a peregrinação pela Terra deve culminar naquele momento de supremo êxtase que é a visão de Deus.

No entanto, esse leitor tratava o poema de Dante como se fosse ficcional, e, ao apresentar sua tradução da obra, Dorothy Sayers tinha razão quando disse que o modo ideal de lê-la seria "começar pela primeira linha e ir sem parar até o fim, rendendo-se ao vigor da narrativa e ao movimento rápido do verso". Os leitores devem estar cientes de que acompanham uma lenta exploração de todos os círculos do Inferno, através do centro da Terra, depois subindo aos terraços e cornijas do monte Purgatório, e indo mais alto, além do paraíso terrestre, "de esfera a esfera dos Céus canoros, além dos planetas, além das estrelas, além do *Primum Mobile*, até o Empíreo, para contemplar Deus como Ele é".[12]

Essa viagem nada mais é que uma interminável demora, no decorrer da qual encontramos centenas de personagens; nos vemos envolvidos em discussões sobre política contemporânea, teologia, vida e morte; e assistimos a cenas de sofrimento, tristeza e alegria. Muitas vezes nos surpreendemos querendo saltar alguns trechos a fim de apressar as coisas, mas, ao saltá-los, sabemos o tempo todo que o poeta está desacelerando e quase nos voltamos para esperar que ele nos alcance. E tudo isso para quê? Para chegar àquele momento em que Dante verá algo que não consegue expressar adequadamente — àquele ponto "Em que a linguagem é derrotada e deve ficar para trás — E a lembrança se rende em tal conflito".

Naquele abismo vi como o amor mantém unidas
Num só volume todas as vidas cujo voo
Se dispersa pelo universo inteiro;
Como substância, acidente e modo se unem,
Fundindo-se, por assim dizer, tão sabiamente
Que o que digo é um simples lume.[13]

Dante diz que não consegue expressar o que viu (ao mesmo tempo que o expressa melhor que ninguém) e indiretamente pede aos leitores que usem a imaginação onde sua "alta fantasia perdeu a força". Seus leitores estão satisfeitos: esperavam esse momento em que se veriam face a face com o Inefável. E para sentir essa emoção, com sua interminável demora, é necessária a longa viagem que a precede. Trata-se, porém, de demoras nas quais não se perde tempo: enquanto aguardamos um encontro que pode se dissolver num silêncio deslumbrante, aprendemos um bocado sobre o mundo — o que, afinal de contas, é a melhor coisa que pode nos acontecer nesta vida.

Muitas vezes as demoras ficcionais compreendem descrições de objetos, personagens ou paisagens. O problema consiste em determinar sua utilidade para a história. Num velho ensaio sobre os romances de James Bond,[14] assinalei que Ian Fleming reserva suas descrições longas para uma partida de golfe, uma corrida de automóveis, as meditações de uma jovem sobre o marinheiro que figura num maço de cigarros Player's, o rastejar de um inseto; por outro lado, fatos mais sensacionais, como um assalto a Fort Knox ou uma luta de vida ou morte com um tubarão assassino, são narrados em poucas páginas ou até mesmo em poucas linhas. A partir disso, concluí que a única função de tais descrições consiste em convencer os leitores de que estão lendo uma obra de arte, porque as pessoas em geral acreditam que a diferença entre literatura popular e literatura erudita reside no fato de que esta última é repleta de longas descrições, enquanto aquela primeira vai direto ao assunto. Fleming é pródigo na descrição basicamente quando focaliza atividades das quais os leitores poderiam se ocupar (um carteado, um jantar, um banho turco), e é econômico quando relata gestos que os leitores jamais se imaginariam capazes de realizar, como fugir de um castelo pendurado num balão. Demorar-se no déjà-vu permite que o leitor se identifique com Bond e sonhe ser como ele.

Fleming se detém no supérfluo e acelera o passo quando se trata do essencial, porque deter-se no supérfluo é a função erótica da *delectatio morosa* e porque ele sabe que nós sabemos que as histórias contadas nervosamente são as mais empolgantes. Manzoni, como o bom romancista romântico do século XIX que é, usa basicamente a mesma estratégia de Fleming, embora muito antes dele, e nos faz sofrer à espera de cada acontecimento, porém não perde tempo com o desnecessário. O dom Abbondio que medrosamente enfia os dedos no colarinho e se pergunta o que fazer constitui um emblema da sociedade italiana seiscentista dominada por estrangeiros. Os pensamentos de uma aventureira contemplando um maço de cigarros não nos dizem muito sobre a cultura de nossa época (aprendemos apenas que se trata de uma sonhadora ou de uma esnobe), mas a demora de Manzoni na hesitação de dom Abbondio explica uma porção de coisas sobre a Itália — não só no século XVII como no XX.

Contudo, demorar-se na descrição pode ter ainda outra função. Existe também o que chamo de *tempo de alusão*. Santo Agostinho, que era um leitor sagaz, se perguntava por que a Bíblia tendia a dedicar tantas palavras a descrições *supérfluas* de roupas, edifícios, perfumes e joias. Deus, o inspirador dos autores bíblicos, iria perder seu tempo com poesia mundana? Evidentemente não. Se de fato o texto repentinamente se demora em algumas passagens é porque a Sagrada Escritura está tentando nos fazer entender que devemos interpretar essas descrições de maneira alegórica ou simbólica.

Eu lhes peço perdão, mas preciso voltar a *Sylvie*, de Nerval. Vocês se lembram que, no capítulo 2, depois de passar horas em claro relembrando os anos de sua juventude, o autor resolve partir para Loisy durante a noite. Porém, não sabe que horas são. Será possível que um jovem rico, culto, apaixonado por teatro não tenha um relógio em casa? Acreditem ou não, ele não tem. Ou melhor, tem, mas está quebrado. E, no entanto, Nerval ocupa uma página para descrevê-lo:

> Em meio a todos os esplendores de bricabraque que se costumava juntar naquela época para restaurar a cor local de um apartamento antigo, resplandecia o brilho renovado de um daqueles relógios renascentistas em tartaruga, cuja cúpula dourada tendo no topo a figura do Tempo, apoia-se em cariátides no estilo Médici, as quais por sua vez repousam sobre cavalos semiempinados. Recostada em seu cervo, a histórica Diana figura em baixo-relevo sob o mostrador, onde as horas se apresentam em esmalte sobre um fundo nigelado. O mecanismo, sem dúvida excelente, está parado há dois séculos. Não foi para marcar as horas que comprei esse relógio em Touraine.

Eis aí um caso em que a demora visa não tanto diminuir o ritmo da ação, impelir o leitor a empolgantes passeios inferenciais, quanto indicar que devemos nos preparar para entrar num mundo em que a medida normal do tempo nada conta, um mundo em que os relógios estão quebrados ou liquefeitos como num quadro de Dalí.

Mas em *Sylvie* também temos tempo para nos perder. Por isso disse em minhas conferências anteriores que, sempre que volto a *Sylvie*, esqueço tudo o que sei sobre o texto e de novo me perco no labirinto do tempo. Nerval pode aparentemente divagar ao longo de cinco páginas, evocando Rousseau nas ruínas de Ermenonville, e com certeza todas as suas digressões nos ajudam a compreender melhor a história, a época, a personagem. Acima de tudo, porém, a divagação, a demora ajuda a encerrar os leitores naqueles bosques do tempo dos quais só conseguem escapar depois de árduos esforços (e aos quais querem então voltar).

Prometi falar sobre o capítulo 7 de *Sylvie*. Após alguns flashbacks que conseguimos localizar na história, o narrador está chegando a Loisy. São quatro horas da manhã. A cena tem lugar aparentemente na noite de 1838, quando ele, agora adulto, viaja de volta a Loisy e descreve a paisagem percorrida pela carruagem, usando o tempo presente. De repente lembra: "Foi por ali que uma noite o irmão de Sylvie me conduziu [...]". Que noite? Antes ou depois da segunda festa em Loisy? Nunca saberemos, e não precisamos saber. O narrador retoma o tempo presente e descreve o lugar como se mostra naquela noite, mas como poderia ainda se mostrar no momento em que ele está contando a história, e é um lugar que evoca muito os Médici, tal qual o relógio de algumas páginas atrás. Em seguida, o narrador volta para o pretérito imperfeito, e Adrienne aparece — pela segunda e última vez na história. É uma atriz no palco, numa peça sacra, "transfigurada pelo traje como já o fora pela vocação" (ela se tornou freira). A visão é tão vaga que nesse ponto o narrador expressa dúvidas que permeiam a história inteira: "Ao recordar tais detalhes pergunto-me se foram reais ou se os sonhei". E então se questiona se a aparição de Adrienne foi tão real quanto a incontestável existência da abadia de Châalis. Voltando repentinamente ao tempo presente, reflete: "Talvez essa lembrança seja uma obsessão!". Agora a carruagem se aproxima da Loisy real, e o narrador deixa o campo do devaneio.

É incrível! Uma longa demora narrativa para não dizer nada — ou nada que tenha a ver com a evolução da história. Para dizer apenas que tempo, lembrança e sonho podem se fundir e que cabe ao leitor deixar-se prender pelo torvelinho desse conflito não resolvido.

Mas há também uma forma de demorar-se no texto, e de "perder" tempo, a fim de transmitir a ideia de espaço. Uma das figuras de retórica menos precisas e menos analisadas é a hipotipose. Como um texto verbal consegue colocar uma coisa diante de nossos olhos como se a estivéssemos vendo? Eu gostaria de encerrar esta conferência dizendo que um modo de transmitir a impressão de espaço consiste em expandir o tempo do discurso e o tempo de leitura em relação ao tempo da história.

Uma das questões que sempre intrigaram os leitores italianos é por que Manzoni passa tanto tempo descrevendo o lago de Como no início de *Os noivos*. Somos capazes de perdoar Proust por ocupar trinta páginas com a descrição do processo de adormecer, mas por que Manzoni tem de ocupar uma página inteira para nos dizer: "Era uma vez um lago, e aqui pretendo situar minha história"? Se tentássemos ler esse trecho com um mapa diante de nós, veríamos que Manzoni elabora sua descrição conjugando duas técnicas cinematográficas: zoom e câmera lenta. Não venham me dizer que um escritor do século XIX desconhecia técnicas cinematográficas: ao contrário, os diretores de cinema é que usam técnicas da literatura de ficção. Manzoni age como se estivesse filmando de um helicóptero que aterrissa bem devagar (ou como se estivesse reproduzindo a maneira pela qual Deus olha do alto para escolher um indivíduo humano na superfície da Terra). Esse primeiro movimento contínuo de cima para baixo se inicia numa dimensão "geográfica":

> Um braço do lago de Como estende-se para o sul, entre duas cadeias de montanhas ininterruptas, recortado numa série de baías e enseadas conforme as colinas avançam água adentro e recuam, até se tornar subitamente muito mais estreito e assumir a aparência e o movimento de um rio entre um promontório de um lado e uma vasta praia do outro.

Então a vista abandona a dimensão geográfica e passa lentamente para uma dimensão "topográfica", no ponto em que se começa a distinguir uma ponte e as margens:

A ponte que liga as duas margens nesse trecho parece tornar a mudança ainda mais evidente, assinalando o local em que o lago termina e o Adda recomeça — embora adiante volte a receber o nome de lago, quando as margens se afastam novamente, permitindo que a água se expanda e afrouxe entre novas baías e enseadas.

As perspectivas geográfica e topográfica partem do norte para o sul, acompanhando o curso do rio; e a descrição passa de um ângulo amplo a um estreito: do lago ao rio e depois às correntes; dos cumes das montanhas às encostas e depois aos pequenos vales. E, enquanto isso acontece, o "filme" começa a se movimentar de modo diferente, dessa vez sem descer do geográfico para o topográfico, mas expandindo-se da profundidade para a largura: nesse ponto, as montanhas são vistas de perfil e a perspectiva se altera, como se um ser humano por fim olhasse para elas.

A praia que mencionamos é formada pelo sedimento de três torrentes consideráveis e apoia-se em dois montes vizinhos, um conhecido como monte de São Martinho e o outro pelo nome Resegone, de ressonância lombarda, por causa dos numerosos pequenos picos que compõem sua silhueta e de fato lhe conferem o aspecto de uma serra. É uma característica distintiva o bastante para identificar-se facilmente o Resegone entre as longas e vastas cadeias de outras montanhas, menos conhecidas pelo nome e menos estranhas na forma, nas quais ele se assenta, mesmo que o observador nunca o tenha visto antes — desde que o aviste de um ângulo que mostre toda a sua extensão, como, por exemplo, olhando do norte desde as muralhas de Milão.

Agora que a descrição atingiu uma escala humana, nós, leitores, podemos discernir o mínimo detalhe de cada estrada. Eu diria mais: experimentamos todas as sensações táteis que teríamos se estivéssemos caminhando sobre aqueles pedregulhos.

A encosta que parte da beira da água é suave e ininterrupta por um longo trecho; mas então se rompe em montes e ravinas, terraços e ladeiras mais íngremes [...]. Ao longo da fímbria extrema da encosta, o terreno é profundamente cortado por cursos d'água e consiste sobretudo em saibro e seixos; sem embargo o restante da área compõe-se de campos e vinhedos entremeados de cidades, vastas propriedades e aldeias. Há também alguns bosques que se estendem encosta acima. Lecco é a maior dessas cidades e empresta seu nome ao território.[15]

Aqui Manzoni faz outra opção: passa da topografia à história, falando-nos sobre a cidade de Lecco. Depois passa da história coletiva à história individual de dom Abbondio, que finalmente encontramos "num daqueles caminhos" prestes a deparar-se com os *bravi*.

Manzoni inicia sua descrição assumindo o ponto de vista de Deus, o Grande Geógrafo, e pouco a pouco passa para o ponto de vista dos seres humanos que habitam a paisagem. Mas não devemos nos deixar enganar pelo fato de ele abandonar a perspectiva divina. No final do romance, se não antes, percebemos que Manzoni está nos contando não só a história de algumas pobres criaturas humanas, como ainda a História da Divina Providência, que conduz, corrige, salva e resolve. O começo de *Os noivos* não é um exercício de prazer literário; é uma forma de preparar o leitor imediatamente para ler um livro cujo protagonista principal é alguém que olha o mundo de cima.

Eu disse que poderíamos ler as passagens iniciais consultando primeiro um mapa geográfico e depois um topográfico. Isso, porém, não é necessário. Se lerem de forma adequada, perceberão que Manzoni está desenhando um mapa; está criando um espaço. Ao olhar para o mundo com os olhos de seu criador, Manzoni compete com Ele: constrói seu mundo de ficção emprestando aspectos do mundo real.

Um processo ao qual voltaremos (flashforward) na próxima conferência.

4. Bosques possíveis

Era uma vez... "um rei!", dirá imediatamente minha gentil plateia. Certo; agora vocês acertaram. Era uma vez um rei chamado Vítor Emanuel III, o último rei da Itália, exilado após a guerra. Esse monarca não tinha lá grande cultura humanística, interessando-se mais por problemas econômicos e militares, embora fosse colecionador entusiástico de moedas antigas. Diz-se que um dia lhe coube inaugurar uma exposição de pintura. Encontrando-se diante de uma bela paisagem que mostrava um vale com uma aldeia que se espalhava pelas encostas de uma colina, ele contemplou durante muito tempo a pequena povoação, depois se voltou para o diretor da mostra e perguntou: "Quantos habitantes tem essa aldeia?".

A norma básica para se lidar com uma obra de ficção é a seguinte: o leitor precisa aceitar tacitamente um acordo ficcional, que Coleridge chamou de "suspensão da descrença". O leitor tem de saber que o que está sendo narrado é uma história imaginária, mas nem por isso deve pensar que o escritor está contando mentiras. De acordo com John Searle, o autor simplesmente *finge* dizer a verdade.¹ Aceitamos o acordo ficcional e *fingimos* que o que é narrado de fato aconteceu.

Tendo passado pela experiência de escrever alguns romances que alcançaram uns poucos milhões de leitores, eu me familiarizei com um fenômeno extraordinário. Nas primeiras dezenas de milhares de exemplares (o número pode variar de um país para outro), em geral os leitores conhecem muito bem esse acordo ficcional. Depois, e por certo além da marca do meio milhão, entra-se numa terra de ninguém, onde já não se pode ter certeza de que os leitores sabem do acordo.

No capítulo 15 de meu livro *O pêndulo de Foucault*, depois de assistir a uma cerimônia ocultista no Conservatoire des Arts et Métiers de Paris, na noite de 23 para 24 de junho de 1984, a personagem chamada Casaubon caminha como que possuída por toda a extensão da Rue Saint-Martin, atravessa a Rue aux Ours, passa pelo Beaubourg e chega à igreja de Saint-Merri. E continua andando por várias ruas, todas designadas pelo nome, até chegar à Place des Vosges. Para escrever esse capítulo, percorri o mesmo trajeto em várias noites, levando comigo um gravador, tomando notas sobre o que via e sobre minhas impressões.

Como tenho um programa de computador que me mostra o céu em qualquer hora de qualquer ano, em qualquer longitude ou latitude, fui mais longe e tratei de verificar se houve lua naquela noite e, em havendo, que posições ocupou no céu em diversos momentos. Assim agi não porque quisesse emular o realismo de Émile Zola, e sim porque gosto de ter diante de mim a cena sobre a qual estou escrevendo; isso me familiariza mais com os acontecimentos e me ajuda a penetrar nas personagens.

Publicado o romance, recebi uma carta de um homem que evidentemente foi ler na Bibliothèque Nationale todos os jornais de 24 de junho de 1984. Ele descobriu que na esquina da Rue Réaumur (cujo nome não menciono, mas que cruza a Rue Saint-Martin em determinado ponto) ocorreu um incêndio depois da meia-noite, mais ou menos na hora em que Casaubon passou por ali — e um grande incêndio, já que os jornais o noticiaram. O leitor me perguntou como Casaubon não conseguiu ver o fogo.

Resolvi me divertir e respondi que provavelmente Casaubon viu o fogo, mas não o mencionou por alguma razão misteriosa que eu desconhecia — explicação bastante plausível, uma vez que a história está repleta de mistérios verdadeiros e falsos. Acho que meu leitor continua tentando descobrir por que Casaubon guardou silêncio em relação ao incêndio e provavelmente suspeita de mais uma conspiração dos templários.

Mas esse leitor — embora afetado por uma espécie de paranoia branda — não estava inteiramente errado. Eu o levara a acreditar que minha história se passava na Paris "de verdade" e até indicara o dia. Se no decorrer de uma descrição tão minuciosa eu tivesse dito que a Sagrada Familia de Gaudí é vizinha do Conservatoire, o leitor teria razão de se agastar, pois, estando em Paris, não estamos em Barcelona. Tinha mesmo nosso leitor o direito de sair à procura de um incêndio que realmente ocorreu em Paris naquela noite, porém não constava de meu livro?

Eu digo que meu leitor exagerou ao pretender que uma história de ficção correspondesse inteiramente ao mundo real no qual se situa; contudo, o problema não é tão simples. Antes de passar ao julgamento final, vamos ver até onde ia a culpa do rei Vítor Emanuel III.

Quando entramos no bosque da ficção, temos de assinar um acordo ficcional com o autor e estar dispostos a aceitar, por exemplo, que lobo fala; mas, quando o lobo come Chapeuzinho Vermelho, pensamos que ela morreu (e essa convicção é vital para o extraordinário prazer que o leitor experimenta com sua ressurreição). Imaginamos o lobo peludo e com orelhas pontudas, mais ou menos como os lobos que encontramos nos bosques de verdade, e achamos muito natural que Chapeuzinho Vermelho se comporte como uma menina e sua mãe como uma adulta preocupada e responsável. Por quê? Porque isso é o que acontece no mundo de nossa experiência, um mundo que daqui para a frente passaremos a chamar, sem muitos compromissos ontológicos, de *mundo real*.

O que estou dizendo parece óbvio, mas não o é se nos ativermos a nosso dogma de suspensão da descrença. Pareceria que, ao lermos uma obra de ficção, suspendemos nossa descrença em relação a algumas coisas e não a outras. E, dado que as fronteiras entre aquilo em que devemos acreditar e aquilo em que não devemos acreditar são bastante ambíguas (conforme veremos), como podemos condenar o pobre Vítor Emanuel? Se devia simplesmente admirar os elementos estéticos do quadro (as cores, a qualidade da perspectiva), ele errou muito ao perguntar quantos habitantes a aldeia tinha. Mas, se entrou na aldeia como se entra num mundo de ficção e imaginou-se passeando por aquelas colinas, por que não haveria de se perguntar quem encontraria lá e qual seria a possibilidade de achar uma estalagem tranquila? Dado que provavelmente se tratava de um quadro realista, por que pensaria que a aldeia era desabitada ou assombrada por pesadelos à Lovecraft? Esse é o verdadeiro atrativo de qualquer ficção, verbal ou visual. A obra de ficção nos encerra nas fronteiras de seu mundo e, de uma forma ou de outra, nos faz levá-la a sério.

No final da conferência anterior, vimos como Manzoni construiu um mundo ao descrever o lago de Como. Contudo, ele tomou emprestadas as características geográficas do mundo real. Vocês podem pensar que isso só acontece no romance histórico. Vimos, porém, que acontece até mesmo na fábula — embora na fábula as proporções entre realidade e invenção sejam diferentes.

Certa manhã, ao despertar de sonhos agitados, Gregor Samsa se viu transformado num inseto gigantesco.

Belo começo para uma história que com certeza é bem fantástica! Ou acreditamos nisso, ou temos de jogar fora toda a *Metamorfose* de Kafka. Mas vamos continuar lendo.

> Ele estava deitado sobre suas costas duras, como que couraçadas, e, ao erguer um pouco a cabeça, viu sua barriga marrom e abaulada dividida em rígidos segmentos arqueados, sobre a qual a coberta mal conseguia se manter, prestes a deslizar completamente. Suas pernas numerosas, lamentavelmente finas em comparação com o resto do corpo, agitavam-se impotentes diante de seus olhos.

Essa descrição parece intensificar a natureza incrível do que aconteceu, e no entanto reduz o fato a proporções aceitáveis. É espantoso um homem acordar e se ver transformado em inseto; contudo, se realmente se transformou, tal inseto deve ter as características normais de um inseto normal. Essas poucas linhas de Kafka constituem um exemplo de realismo, não de surrealismo. Só nos cabe fingir acreditar que esse inseto comum é "gigantesco", o que equivale a exigir muito do acordo ficcional. Por outro lado, o próprio Gregor mal consegue acreditar em seus olhos; "O que aconteceu comigo?", ele se pergunta. Como nós mesmos nos perguntaríamos numa situação semelhante. Mas vamos em frente. A descrição que se segue nada tem de fantástico, sendo inteiramente realista:

> Não era um sonho. Seu quarto, um dormitório normal e humano, só que minúsculo, estava silencioso entre as quatro paredes tão conhecidas [...].²

E a descrição continua, apresentando um quarto como muitos outros que já vimos. Mais adiante parece absurdo que, sem se fazer muitas perguntas, os pais e a irmã de Gregor aceitem sua metamorfose em inseto, embora sua reação diante do monstro seja a que qualquer outro habitante do mundo real teria; eles ficam apavorados, enojados, acabrunhados. Em resumo, Kafka precisa situar sua história inverossímil num ambiente verossímil. Se Gregor encontrasse também um lobo em seu quarto e os dois resolvessem ir tomar chá com o Chapeleiro Maluco, a história seria outra (mas teria como pano de fundo muitos elementos do mundo real).

Agora vamos tentar imaginar um mundo ainda mais inverossímil que o de Kafka. No romance *Flatland* [Terra plana], Edwin Abbott criou tal mundo, que nos apresenta nas palavras de um de seus habitantes no primeiro capítulo, "Da natureza de Flatland":[3]

> Imaginai uma grande folha de papel na qual Linhas Retas, Triângulos, Quadrados, Pentágonos, Hexágonos e outras figuras, em vez de se manterem fixas em seus lugares, movimentam-se livremente na superfície, sem o poder de elevar-se acima dela ou de mergulhar sob ela, muito semelhantes a sombras — só que duras e dotadas de bordas luminosas —, e tereis uma noção bastante correta de minha terra e meus conterrâneos.

Se olhássemos de cima para esse mundo bidimensional, como olhamos para as figuras de Euclides num livro de geometria, conseguiríamos reconhecer seus habitantes. Mas, para as pessoas que moram em Flatland, a noção de "de cima" não existe, pois se trata de um conceito que requer a terceira dimensão. Portanto, os flatlandeses não conseguem se reconhecer "de vista".

> Não podíamos ver nada, nem mesmo para distinguir uma figura de outra. Nada era visível, nem podia ser visível para nós, exceto as Linhas Retas.

Caso o leitor ache improvável essa situação, Abbott se apressa em mostrar que ela é muito possível em termos de nossa experiência do mundo real:

> Quando estive em Spaceland ouvi dizer que vossos marinheiros passam por experiências muito semelhantes ao cruzar vossos mares e discernir no horizonte uma ilha ou costa distante. A terra longínqua pode ter baías, promontórios, reentrâncias e saliências em qualquer número e extensão; a distância, todavia, não vedes nada disso [...] nada, a não ser uma ininterrupta linha cinzenta sobre a água.

De um fato aparentemente impossível, Abbott deduz as condições de possibilidade estabelecendo uma analogia com o que é possível no mundo real. E, já que para os flatlandeses as diferenças de forma significam diferenças de sexo ou de casta e já que têm, portanto, de saber distinguir um triângulo de um pentágono, Abbott mostra com grande habilidade como as classes mais baixas conseguem identificar os outros pela voz ou pelo tato (capítulo 5: "Dos métodos que empregamos para nos reconhecer"), enquanto as classes mais altas fazem tais distinções através da vista, graças a uma providencial característica desse mundo — a saber, a neblina que sempre o encobre. Aqui, pois, como em Nerval, a neblina desempenha importante papel — desta vez, porém, não é um efeito do discurso, e sim um elemento "real" da história.

> Se a Neblina não existisse, todas as linhas apareceriam igual e indistinguivelmente claras [...]. Entretanto, sempre que há uma boa quantidade de Neblina os objetos que se situam a alguma distância — um metro, digamos — são consideravelmente mais indistintos que aqueles situados a uma distância de noventa centímetros; e o resultado é que, por meio de cuidadosa e constante observação

experimental da obscuridade e clareza comparativa, conseguimos inferir com grande exatidão o aspecto do objeto observado. (Capítulo 6: "Do reconhecimento de vista".)

A fim de tornar o processo mais provável, Abbott apresenta várias figuras regulares, fazendo uma grande exibição de cálculo geométrico exato. Assim, por exemplo, explica que, quando encontramos um triângulo em Flatland, naturalmente percebemos seu ângulo superior com grande clareza porque está mais próximo do observador, enquanto no outro lado as linhas desaparecem com rapidez na escuridão porque os dois lados se perdem na neblina. Temos de reunir todos os nossos conhecimentos de geometria adquiridos no mundo real para tornar possível esse mundo irreal.

Poderíamos dizer que, conquanto improvável, o mundo de Abbott é, todavia, geométrica ou perceptualmente possível — assim como na realidade é possível que, por um acidente na evolução das espécies, tenham existido lobos dotados de certos órgãos fonadores ou características cerebrais que lhes permitissem falar.

No entanto, como os críticos assinalaram, existem coisas como ficções que se "autoinvalidam" — quer dizer, textos de ficção que demonstram sua própria impossibilidade. Segundo uma bela análise de Lubomir Dolezel, nesses mundos, assim como em *Flatland*, um autor pode dar existência ficcional a entidades possíveis valendo-se de "procedimentos de autenticação convencional"; contudo, "o status dessa existência é duvidoso porque a própria base do mecanismo de autenticação está solapada". Dolezel cita, por exemplo, *La Maison de rendez-vous* [A casa de encontros], de Robbe-Grillet, que parece um mundo impossível porque *a*) o mesmo fato figura em várias versões conflitantes; *b*) o mesmo local (Hong Kong) é e não é o cenário do romance; *c*) os fatos são ordenados em sequências temporais contraditórias (A precede B, B precede A); *d*) a mesma entidade ficcional ressurge em diversos modos existenciais (como "realidade" ficcional ou representação teatral ou escultura ou pintura etc.).[4]

Alguns autores[5] dizem que uma boa metáfora visual de ficção que se autoinvalida é a conhecida figura de Lionel e Roger Penrose (figura 11), que numa primeira "leitura" dá tanto a ilusão de um mundo coerente quanto a sensação de uma inexplicável impossibilidade. Numa segunda leitura (para lê-la da maneira adequada convém tentar desenhá-la), percebemos como e por que ela é bidimensionalmente possível e tridimensionalmente absurda.

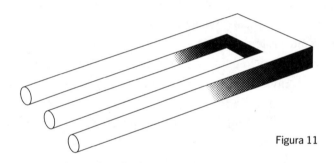

Figura 11

Porém, mesmo nesse caso a impossibilidade de um universo em que pudesse existir a figura Penrose deriva do fato de que tendemos a pensar que tal universo funciona segundo as mesmas leis da geometria sólida que vigoram no mundo real. É óbvio que, se essas leis continuam válidas, a figura é impossível. Mas, na verdade, essa figura não é geometricamente impossível, e o comprova o fato de que foi possível desenhá-la numa superfície bidimensional. Estamos simplesmente enganados quando aplicamos a ela não só as regras da geometria plana, como ainda as regras de perspectiva utilizadas para desenhar objetos tridimensionais. Essa figura seria possível não só em Flatland, mas também em nosso próprio mundo, se não considerássemos as hachuras como representação das sombras numa estrutura tridimensional. E, assim, temos de admitir que, para nos impressionar, nos perturbar, nos assustar ou nos comover até com o mais impossível dos mundos, contamos com nosso conhecimento do mundo real. Em outras palavras, precisamos adotar o mundo real como pano de fundo.

Isso significa que os mundos ficcionais são parasitas do mundo real. Não existe nenhuma regra relativa ao número de elementos ficcionais aceitáveis numa obra. E, com efeito, aqui há uma enorme variedade — formas como a fábula, por exemplo, a todo instante nos levam a aceitar correções em nosso conhecimento do mundo real. No entanto, devemos entender que tudo aquilo que o texto não diferencia explicitamente do que existe no mundo real corresponde às leis e condições do mundo real.

Logo no início destas conferências, citei dois textos em que havia um cavalo e uma carruagem. O primeiro, de Achille Campanile, nos fez rir porque quando pede ao cocheiro que vá apanhá-la no dia seguinte a personagem Gedeone esclarece que o homem deve trazer também a carruagem — e, aliás, "Não se esqueça do cavalo!". Rimos porque parecia óbvio que o cavalo também tinha de ir, ainda que não fosse mencionado explicitamente. Encontramos outra carruagem em *Sylvie*: durante a noite ela conduz nosso narrador a Loisy. Se vocês lerem as páginas que contêm a descrição da viagem (mas podem confiar em mim), verão que o cavalo nunca é mencionado. Então será que esse cavalo não existe em *Sylvie*, já que não aparece no texto? Existe, sim. Quando lemos o trecho imaginamos o cavalo trotando pela noite, fazendo a carruagem sacolejar, e é sob a influência física desses sacolejos que o narrador mais uma vez se põe a sonhar, como se alguém o embalasse.

Mas suponhamos que não somos leitores muito imaginativos: lemos Nerval e não pensamos no cavalo. E suponhamos que, chegando a Loisy, o narrador nos dissesse: "Desci da carruagem e constatei que nenhum cavalo a puxara ao longo de toda a viagem". Os leitores sensíveis sem dúvida voltariam correndo para o começo do livro, porque mergulharam numa história de sentimentos delicados e pouco definíveis, no melhor espírito romântico, enquanto deveriam ter mergulhado num romance gótico. Ou talvez estivessem lendo uma variação romântica de "Cinderela"; e a carruagem fosse de fato puxada por ratos.

Em suma, há um cavalo em *Sylvie*. Ele existe no sentido de que não é necessário dizer que há um cavalo, mas não se pode dizer que *não* há.

As histórias policiais de Rex Stout se passam em Nova York, e seus leitores concordam em fingir que personagens chamadas Nero Wolfe, Archie Goodwin, Fritz e Saul Panzer existem; na verdade, os leitores até aceitam o fato de Wolfe morar numa casa de arenito na West Thirty-Fifth Street, perto do rio Hudson. Eles poderiam ir a Nova York para ver se essa casa realmente existe ou existiu na época em que Stout ambienta suas histórias; mas em geral não se dão ao trabalho. Digo "em geral" porque sabemos que há pessoas que vão procurar a casa de Sherlock Holmes em Baker Street, e por acaso sou um daqueles que saíram em busca da casa da Eccles Street, em Dublin, onde Leopold Bloom teria morado. Mas isso são coisas de fã — e ser fã de literatura é algo agradável e às vezes tocante, porém diferente de ler os textos. Para ser um bom leitor de Joyce não é necessário celebrar o dia de Bloom às margens do Liffey.

No entanto, mesmo que aceitemos que a casa de Wolfe se situa onde não esteve e não está, não podemos aceitar que Archie Goodwin chame um táxi na Quinta Avenida e peça para ir a Alexanderplatz — porque, segundo nos informou Döblin, Alexanderplatz fica em Berlim. E, se Archie saísse da casa de Nero

Wolfe (na West Thirty-Fifth Street), dobrasse a esquina e se encontrasse na Wall Street, teríamos razão para acreditar que Stout adotou outro tipo de ficção e quis nos falar de um mundo análogo ao de *O processo*, de Kafka, onde K entra num prédio em determinado ponto da cidade e sai do prédio em outro. Mas na história de Kafka devemos aceitar que nos deslocamos num mundo não euclidiano, mutável e elástico, como se estivéssemos vivendo sobre um imenso chiclete já mascado.

Portanto, parece que os leitores precisam saber uma porção de coisas a respeito do mundo real para presumi-lo como o pano de fundo correto do mundo ficcional. A essa altura, porém, deparamos com uma dificuldade. Por um lado, na medida em que um universo de ficção nos conta a história de algumas poucas personagens em tempo e local bem definidos, podemos vê-lo como um pequeno mundo infinitamente mais limitado que o mundo real. Por outro, na medida em que acrescenta indivíduos, atributos e acontecimentos ao conjunto do universo real (que lhe serve de pano de fundo), podemos considerá-lo maior que o mundo de nossa experiência. Desse ponto de vista, um universo ficcional não termina com a história, mas se estende indefinidamente.

Na verdade, os mundos ficcionais *são* parasitas do mundo real, porém são com efeito "pequenos mundos" que delimitam a maior parte de nossa competência do mundo real e permitem que nos concentremos num mundo finito, fechado, muito semelhante ao nosso, embora ontologicamente mais pobre. Como não podemos ultrapassar suas fronteiras, somos levados a explorá-lo em profundidade. É por essa razão que é uma obra mágica. Realmente exige que saibamos e finjamos saber alguma coisa sobre Paris e os Valois e até sobre Rousseau e os Médici, pois os menciona; contudo, requer que caminhemos repetidas vezes por esse mundo limitado sem nos perguntarmos sobre o resto do mundo real. Lendo *Sylvie*, não podemos negar que há um cavalo, mas não somos obrigados a conhecer cavalos a fundo. Em contrapartida, somos obrigados a meditar repetidas vezes sobre os bosques de Loisy.

Num ensaio publicado há muito tempo, escrevi que conhecemos Julien Sorel (principal personagem de *O vermelho e o negro*, de Stendhal) melhor que a nosso pai.[6] Muitos aspectos de nosso pai sempre nos escaparão (pensamentos que ele guardou para si, ações aparentemente inexplicadas, afetos não verbalizados, segredos, lembranças e fatos de sua infância), ao passo que sabemos tudo a respeito de Julien. Quando escrevi aquele ensaio, meu pai ainda era vivo. Depois percebi que gostaria de saber muito mais sobre ele, e só me resta tirar fracas conclusões de vagas lembranças. Stendhal, no entanto, me diz tudo o que preciso saber sobre Julien Sorel e sua geração. O que não me diz (por exemplo, se Julien gostava de seu primeiro brinquedo, ou — como em Proust — se ficava se agitando e revirando na cama enquanto esperava que sua mãe fosse lhe dar um beijo de boa-noite) não tem importância.

(A propósito, também pode acontecer que um narrador nos conte coisas demais — quer dizer, que nos conte o que é irrelevante para o desenvolvimento da história. No início de minha primeira conferência, ironicamente citei a pobre Carolina Invernizio pois ela certa vez escreveu que na estação ferroviária de Turim "dois trens expressos se cruzavam. Um estava partindo, o outro estava chegando". Sua descrição parecia um caso bobo de redundância. Contudo, pensando bem, devo confessar que essa informação não é tão redundante quanto parece. Onde é que dois trens que se cruzam não partem imediatamente depois de chegar? Numa estação terminal. Carolina implicitamente nos informava que a estação de Turim era uma terminal, como de fato ainda o é. No entanto, podemos considerar sua observação, se não semanticamente redundante, pelo menos inútil do ponto de vista da narrativa, porque esse detalhe não é fundamental para o desenvolvimento da história: os fatos que se seguem não dependem das características da estação de Turim.)

No começo desta conferência, falei de um leitor que pesquisou os jornais da Paris real e descobriu um incêndio não mencionado em meu livro. Ele não aceitou a ideia de um mundo de ficção ter um formato menor que o mundo de verdade. Agora quero lhes contar outra história referente àquela mesma noite de junho de 1984.

Recentemente, dois alunos da École des Beaux-Arts de Paris vieram me mostrar um álbum de fotografias em que reconstituíram todo o trajeto de minha personagem Casaubon, tendo fotografado à mesma hora da noite todos os lugares que mencionei. Já que o texto descreve com detalhes como Casaubon sai dos esgotos da cidade e entra pelo porão num bar oriental cheio de fregueses suados, barriletes de cerveja e espetos engordurados, eles conseguiram encontrar o bar e o fotografaram. Não preciso dizer que o tal bar era pura invenção de minha parte, embora eu o tivesse concebido a partir de muitos bares do mesmo tipo existentes na área. Mas sem dúvida os dois estudantes descobriram aquele descrito em meu livro. Não que tivessem acrescentado à sua tarefa de leitores-modelo as preocupações do leitor empírico que quer verificar se meu romance descreve a Paris real. Ao contrário, seu desejo era transformar a Paris "real" num lugar de meu livro e, dentre todas as coisas que poderiam encontrar na cidade, selecionaram somente os aspectos que correspondiam a minhas descrições.

Usaram um romance para dar forma àquele universo amorfo e imenso que é a Paris real. Fizeram exatamente o contrário do que Georges Perec fez quando tentou representar tudo o que aconteceu na Place Saint-Sulpice ao longo de dois dias. Paris é muito mais complexa que o local descrito por Perec ou aquele descrito em meu livro. Entretanto, qualquer passeio pelos mundos ficcionais tem a mesma função de um brinquedo infantil. As crianças brincam com boneca, cavalinho de madeira ou pipa a fim de se familiarizar com as leis físicas do universo e com os atos que realizarão um dia. Da mesma forma, ler ficção significa jogar um jogo através do qual damos sentido à infinidade de coisas que aconteceram, estão acontecendo ou vão acontecer no mundo real. Ao lermos uma narrativa, fugimos da ansiedade que nos assalta quando tentamos dizer algo de verdadeiro a respeito do mundo.

Essa é a função consoladora da narrativa — a razão pela qual as pessoas contam histórias e têm contado histórias desde o início dos tempos. E sempre foi a função suprema do mito: encontrar uma forma no tumulto da experiência humana.

Não obstante, a situação não é assim tão simples. Até agora tem assombrado minha palestra o fantasma da Verdade, e vocês hão de convir que aí está uma noção que não se pode tratar levianamente. Em geral, achamos que sabemos muito bem o que significa quando dizemos que uma coisa é "verdadeira" no mundo real. É verdade que hoje é quarta-feira; é verdade que Alexanderplatz fica em Berlim; é verdade que Napoleão morreu em 5 de maio de 1821. Baseados nesse conceito de verdade, os estudiosos têm discutido amplamente o que significa uma afirmação ser "verdadeira" numa estrutura ficcional. A resposta mais razoável é que as afirmações ficcionais são verdadeiras dentro da estrutura do mundo possível de determinada história. Para nós, não é verdade que Hamlet tenha vivido no mundo real. Mas vamos supor que estamos avaliando o trabalho de um estudante de literatura inglesa e constatamos que o infeliz estudante escreveu que no fim da tragédia Hamlet se casa com Ofélia. Aposto que qualquer professor razoável afirmaria que o estudante disse uma inverdade. Seria uma inverdade no universo de Hamlet, assim como é uma verdade no universo ficcional de ... *E o vento levou* que Scarlett O'Hara tenha se casado com Rhett Butler.

Estamos seguros de que nossa noção de verdade no mundo real é igualmente sólida e precisa?

Achamos que em geral conhecemos o mundo real através da experiência; achamos que é uma questão de experiência hoje ser quarta-feira, 14 de abril de 1993, e neste momento eu estar usando uma gravata azul. De fato, só é verdade que hoje é 14 de abril de 1993 dentro da estrutura do calendário gregoriano, e minha gravata é azul só em conformidade com a divisão ocidental do espectro cromático (sabe-se muito bem que, nas culturas latina e grega, as fronteiras entre verde e azul eram diferentes das que prevalecem em nossa cultura). Em Harvard, pode-se perguntar a Willard van Orman Quine em que medida nossas noções de verdade são estabelecidas por um determinado sistema holístico de postulados; pode-se questionar Nelson Goodman sobre nossas múltiplas e diferentes formas de construir o mundo; e Thomas Kuhn, sobre a ideia de verdade em relação a um dado paradigma científico. Espero que eles admitam que é verdade que Scarlett se casou com Rhett só no universo de discurso de... *E o vento levou*, assim como é verdade que estou usando uma gravata azul só no universo de discurso de uma determinada *Farbenlehre* [teoria das cores].

Não quero fazer o papel nem de cético metafísico nem de solipsista (já se falou que o mundo está repleto de solipsistas). Entendo que existem coisas que conhecemos por meio da experiência direta, e se um de vocês me dissesse que apareceu um tatu atrás de mim eu me voltaria no mesmo instante para verificar se a informação era verdadeira ou falsa. Acho que todos concordamos que não há nenhum tatu nesta sala (desde que acatemos a taxionomia zoológica socialmente aceita). Em geral, contudo, nossa luta com as noções de verdadeiro e falso é mais complicada. Sabemos agora que não há nenhum tatu nesta sala, porém nas próximas horas e nos próximos dias essa verdade se tornará um pouco mais discutível. Por exemplo, quando estas minhas conferências forem publicadas, os leitores aceitarão a ideia de que em 14 de abril de 1993 não havia nenhum tatu nesta sala, e a aceitarão baseados não em sua própria experiência, e sim em sua convicção de que sou uma pessoa séria e relatei acuradamente a situação desta sala no dia 14 de abril de 1993.

Acreditamos que, no que se refere ao mundo real, a verdade é o critério mais importante e tendemos a achar que a ficção descreve um mundo que temos de aceitar tal como é, em confiança. Mesmo no mundo real, todavia, o princípio da confiança é tão importante quanto o princípio da verdade.

Não é através da experiência que sei que Napoleão morreu em 1821. Mais ainda, se tivesse de depender unicamente de minha experiência, eu nem sequer poderia dizer que Napoleão existiu (aliás, uma vez alguém escreveu um livro para demonstrar que Napoleão era um mito solar). Não é através da experiência que sei que existe uma cidade chamada Macau ou que a primeira bomba atômica funcionava por fissão e não por fusão; na realidade, não sei muita coisa sobre o funcionamento da fusão atômica. Segundo Hilary Putnam, há uma "divisão linguística de trabalho" que corresponde a uma divisão social do conhecimento: delego aos outros o conhecimento de nove décimos do mundo real, guardando para mim o conhecimento do décimo restante.[7] Daqui a dois meses, estarei de fato indo para Macau; comprarei minha passagem certo de que o avião vai aterrissar num lugar chamado Macau e, assim, conseguirei viver no mundo real sem ter de me comportar neuroticamente. Aprendi isso por uma série de coisas, acostumei-me a confiar no conhecimento de outras pessoas. Limito minhas dúvidas a um setor especializado do conhecimento e, em relação ao resto, deposito minha confiança na Enciclopédia. Por "Enciclopédia", entendo a totalidade do conhecimento, com o qual estou familiarizado apenas em parte, mas ao qual posso recorrer porque é como uma enorme biblioteca composta de todos os livros e enciclopédias — todos os papéis e documentos manuscritos de todos os séculos, inclusive os hieróglifos dos antigos egípcios e as inscrições cuneiformes.

A experiência e uma longa série de decisões que me levaram a confiar na comunidade humana me convenceram de que o que a Enciclopédia Total descreve (em geral de maneiras contraditórias) representa uma imagem satisfatória do que chamo de mundo real. Em outras palavras, o modo como aceitamos a representação do mundo real pouco difere do modo como aceitamos a representação de mundos ficcionais. Finjo acreditar que Scarlett se casou com Rhett, da mesma forma que finjo assumir como uma questão de experiência pessoal o fato de Napoleão ter se casado com Josefina. Evidentemente, a diferença está no grau dessa confiança: a confiança que deposito em Margaret Mitchell é diferente da que deposito nos historiadores. Só quando leio uma fábula, aceito que os lobos falem; no resto do tempo, me comporto como se os lobos em questão fossem aqueles descritos pelo último Congresso Internacional da Sociedade Zoológica. Não quero discutir aqui os motivos pelos quais confio mais na Sociedade Zoológica que em Charles Perrault — eles existem e são bastante sérios. Todavia, dizer que esses motivos são sérios não significa que possam ser explicados claramente. Ao contrário, os motivos pelos quais acredito nos historiadores quando me dizem que Napoleão morreu em 1821 são muito mais complexos que os motivos pelos quais tenho certeza de que Scarlett O'Hara se casou com Rhett Butler.

Em *Os três mosqueteiros*, lemos que lorde Buckingham foi apunhalado por um de seus oficiais, um tal de Felton, e pelo que sei isso é considerado uma verdade histórica; em *Vinte anos depois*, lemos que Athos apunhalou Mordaunt, o filho de *Milady*, e isso é considerado uma verdade ficcional. O fato de que Athos apunhalou Mordaunt continuará sendo uma verdade inegável enquanto existir um único exemplar de *Vinte anos depois* — mesmo que no futuro alguém invente um modo pós-pós-estruturalista de se ler. Em contrapartida, um historiador sério deve estar sempre pronto a declarar que Buckingham foi apunhalado por outra pessoa, se eventualmente um pesquisador dos arquivos britânicos provar que todos os documentos até então conhecidos são falsos. Nesse caso, diríamos que historicamente não é verdade que Felton apunhalou Buckingham, porém o mesmo fato continuaria sendo verdadeiro no âmbito da ficção.

À parte as muitas e importantes razões estéticas, acho que lemos romances porque nos dão a confortável sensação de viver em mundos nos quais a noção de verdade é indiscutível, enquanto o mundo real parece um lugar mais traiçoeiro. Esse "privilégio aletológico" dos mundos ficcionais também nos fornece parâmetros para questionarmos interpretações forçadas de textos literários.

Existem muitas interpretações de "Chapeuzinho Vermelho" (antropológica, psicanalítica, mitológica, feminista, e por aí afora), em parte porque a história tem várias versões: no texto dos irmãos Grimm há coisas que não se encontram no de Perrault, e vice-versa. Parecia razoável esperar também uma interpretação alquímica. E eis que um estudioso italiano tentou provar que a fábula se refere aos processos de extração e tratamento de minerais. Traduzindo-a em fórmulas químicas, ele identificou Chapeuzinho Vermelho como cinabre, um sulfeto de mercúrio artificial tão vermelho quanto se imagina que seja o capuz da menina. Portanto, essa criança traz dentro de si mercúrio em estado puro, o qual tem de ser separado do súlfur. Sendo o mercúrio muito ativo e mutável, não é por acaso que a mãe de Chapeuzinho Vermelho lhe diz para não bisbilhotar por toda parte. O lobo representa o cloreto mercuroso, também conhecido como calomelano ("belo negro", em grego). A barriga do lobo corresponde ao forno do alquimista, onde o cinabre é transformado em mercúrio. Valentina Pisanty fez um comentário bem simples: se, no fim da história, Chapeuzinho Vermelho não é mais cinabre, e sim mercúrio em estado puro, como se explica que, ao sair da barriga do lobo, ainda esteja usando seu capuz vermelho? Em nenhuma versão da fábula a menina sai de dentro do lobo usando um capuz prateado. Portanto, essa interpretação não se sustenta.[8]

É possível inferir dos textos coisas que eles não dizem explicitamente — e a colaboração do leitor se baseia nesse princípio —, mas não se pode fazê-los dizer o contrário do que disseram. Não se pode ignorar o fato de que, no fim da história, Chapeuzinho Vermelho ainda está usando seu capuz vermelho: é precisamente esse fato textual que exime o leitor-modelo da obrigação de conhecer a fórmula química do cinabre.

O mesmo grau de convicção é possível quando falamos de verdade no mundo real? Temos certeza de que não há nenhum tatu nesta sala, pelo menos na mesma medida em que temos certeza de que Scarlett O'Hara se casou com Rhett Butler. Entretanto, com relação a muitas outras verdades, só nos resta contar com a boa-fé de nossos informantes, e às vezes com sua má-fé. Em termos epistemológicos não podemos estar certos de que os americanos pousaram na Lua (contudo, temos certeza de que Flash Gordon chegou ao planeta Mongo). Vamos ser tremendamente céticos (e um pouco paranoicos) por um instante: pode ter acontecido que um grupinho de conspiradores (digamos, gente do Pentágono e de vários canais de televisão) tenha organizado uma Grande Farsa. Nós — quer dizer, todos os outros telespectadores — simplesmente acreditamos naquelas imagens que nos diziam que um homem havia pousado na Lua.

Há, porém, um forte motivo para eu acreditar que os americanos realmente estiveram na Lua: é o fato de que os russos não protestaram nem acusaram ninguém de fraude. Eles tinham capacidade — e boas razões — para provar que se tratava de um embuste. E não fizeram nada. Eu confiei neles e, portanto, acredito piamente que os americanos chegaram à Lua. Mas, para decidir o que é verdadeiro ou falso no mundo real, tenho de tomar algumas decisões difíceis referentes a minha confiança na comunidade. Além disso, preciso identificar as partes da Enciclopédia Total que são confiáveis e rejeitar as que não são.

As coisas parecem mais fáceis quando se trata de verdades ficcionais. No entanto, até um mundo ficcional pode ser tão traiçoeiro quanto o mundo real. Seria um ambiente muitíssimo confortável se tivesse de lidar apenas com entidades e eventos ficcionais. Nesse caso, ninguém se afligiria por causa de Scarlett O'Hara, pois o fato de ela ter morado em Tara é mais fácil de se verificar do que o fato de os americanos terem pousado na Lua.

Mas vimos que todo o mundo ficcional se apoia parasiticamente no mundo real, que toma por seu pano de fundo. Podemos resolver de imediato uma primeira questão — a saber, o que acontece quando o leitor traz para o mundo ficcional informação errada a respeito do mundo real. Essa pessoa não age como um leitor-modelo, e as consequências de seu erro constituem um assunto particular e empírico. Se alguém ler *Guerra e paz* achando que no século XIX os russos eram governados pelo Partido Comunista, vai ter dificuldade para entender a história de Natacha e Pierre Bezúkhov.

Eu disse, porém, que o perfil do leitor-modelo é desenhado pelo texto e dentro do texto. Evidentemente, Tolstói não se sentiu obrigado a informar a seus leitores que não foi o Exército Vermelho que travou a batalha de Borodinó, mas forneceu-lhes informação suficiente sobre a situação política e social da Rússia tsarista nesse período. Não se esqueçam de que esse romance se inicia com um longo diálogo em francês, e isso diz muito sobre a situação da aristocracia russa no começo do século xix.

Na verdade, espera-se que os autores não só tomem o mundo real por pano de fundo de sua história, como ainda intervenham constantemente para informar aos leitores os vários aspectos do mundo real que eles talvez desconheçam.

Suponhamos que, num de seus romances, Rex Stout nos conte que Archie para um táxi e diz ao motorista que o leve até a esquina das Fourth e Tenth Streets. Suponhamos também que os leitores de Rex Stout se encaixem em duas categorias: os que não conhecem Nova York e os que a conhecem. Vamos ignorar a primeira categoria — é uma gente que engole qualquer coisa (nas traduções italianas de romances policiais americanos, termos como "*downtown*" e "*uptown*" geralmente são traduzidos como "*città alta*" e "*città bassa*", ou "cidade alta" e "cidade baixa", de modo que a maioria dos leitores italianos pensa que as cidades americanas são todas como Tíflis, Bérgamo ou Budapeste, metade nas colinas e metade na planície ou na beira-rio). Mas acho que a maioria dos leitores americanos, sabendo que a cidade de Nova York é como um mapa-múndi em que as ruas são os paralelos e as avenidas são os meridianos, reagiria como aquele leitor a quem um Nerval hipotético disse que nenhum cavalo puxara a carruagem. Na verdade, há em Nova York (no West Village) um ponto em que a Fourth Street e a Tenth Street se cruzam, e todos os nova-iorquinos sabem disso, menos os motoristas de táxi. Acredito, no entanto, que, se fosse narrar esse fato, Stout o explicaria (talvez com um comentário engraçado) e mostraria por que tal cruzamento realmente pode existir, pois temeria que um leitor de San Francisco, Roma ou Madri não soubesse disso e pensasse que o escritor estava brincando.

Assim teria agido pela mesma razão que levou Walter Scott a começar *Ivanhoé* da seguinte forma:

> Naquela aprazível região da alegre Inglaterra que é banhada pelo rio Don estendia-se em tempos remotos uma vasta floresta, que cobria a maior parte das belas colinas e vales existentes entre Sheffield e a deleitável cidade de Doncaster.

Depois de fornecer alguns detalhes históricos, Scott prossegue:

> Julguei necessário expor tal estado de coisas à guisa de premissa para a informação dos leitores em geral.

Scott não só estava decidido a chegar a algum tipo de acordo com o leitor em relação a fatos que ocorreram na ficção, mas também queria passar-lhe algumas informações sobre o mundo real que não sabia ao certo se o leitor possuía e que considerava indispensáveis para o entendimento da história. Assim, seus leitores deviam *fingir acreditar* que a informação ficcional era verdadeira e ao mesmo tempo aceitar como verdadeira no mundo real a informação suplementar fornecida pelo autor.

Às vezes, a informação nos é dada na forma daquela figura de retórica conhecida como *preterição*. *Rip Van Winkle*, de Washington Irving, começa assim: "Quem já viajou Hudson acima deve lembrar que as montanhas Catskill [...]", mas não creio que o livro se destine tão somente às pessoas que subiram o rio Hudson e viram as montanhas Catskill. Sou um bom exemplo de leitor que nunca subiu o Hudson e no entanto fingiu ter subido, fingiu ter visto aquelas montanhas e se divertiu muito com o resto da história. Entretanto, minha suspensão da descrença foi apenas parcial. Sei que Rip Van Winkle nunca existiu, sem embargo, não só acredito como finjo saber que subindo o rio Hudson o viajante de fato encontrará as montanhas Catskill.

Em meu ensaio "Pequenos mundos", agora em *Os limites da*

interpretação, cito o início do romance de Ann Radcliffe, *The Mysteries of Udolpho* [Os mistérios de Udolfo].

Nas margens aprazíveis do Garonne, na província da Gasconha, erguia-se no ano de 1584 o castelo de monsieur St. Aubert. De suas janelas avistavam-se as paisagens pastoris de Guyenne e Gasconha estendendo-se ao longo do rio, cobertas de bosques e vinhedos luxuriantes e olivais.

Na ocasião, comentei que provavelmente os leitores ingleses do final do século XVIII não sabiam grande coisa sobre o Garonne, a Gasconha e a respectiva paisagem. Quando muito teriam deduzido da palavra "margens" que o Garonne é um rio e, com base em seu conhecimento do mundo real, teriam imaginado um cenário típico do sul da Europa com vinhedos e olivais. Radcliffe convidou seus leitores a comportar-se como se estivessem familiarizados com as colinas da França.

Depois de publicar esse ensaio, recebi uma carta de um senhor de Bordeaux, revelando-me que nunca existiram oliveiras na Gasconha nem nas margens do Garonne. Esse amável cavalheiro tirou brilhantes conclusões para corroborar minha tese e elogiou minha ignorância em relação à Gasconha, a qual me permitira escolher um exemplo tão convincente (depois me convidou a visitar a região na qualidade de seu hóspede, pois, afirmou, ali de fato existiam vinhedos e os vinhos locais eram excelentes).

Assim, Ann Radcliffe não só pediu a colaboração dos leitores no tocante a sua competência do mundo real, e não só forneceu parte dessa competência, e não só lhes pediu que fingissem saber determinadas coisas a respeito do mundo real que eles não sabiam, como ainda os levou a acreditar que o mundo real possuía certos atributos que na verdade não se incluem entre seus pertences.

Como é altamente improvável que a sra. Radcliffe pretendesse enganar seus leitores, devemos concluir que ela estava errada. Mas isso cria um quebra-cabeça ainda maior. Em que medida podemos aceitar como verdadeiros aqueles aspectos do mundo real que o autor erroneamente assume como verdadeiros?

5. O estranho caso da Rue Servandoni

Recentemente, minha aluna Lucrecia Escudero elaborou uma tese sobre a cobertura da guerra das Falklands-Malvinas pela imprensa argentina e incluiu a seguinte história.[1]

Em 31 de março de 1982, dois dias antes de os argentinos desembarcarem nas ilhas Malvinas e 25 dias antes de a Força-Tarefa britânica chegar às ilhas Falklands, o jornal *Clarín*, de Buenos Aires, publicou uma notícia interessante: uma fonte londrina teria dito que a Inglaterra enviara o *Superb*, um submarino nuclear, à região austral do Atlântico Sul. Imediatamente, o Foreign Office declarou que não tinha nenhum comentário a fazer sobre tal "versão", e a imprensa argentina inferiu que, se as autoridades britânicas consideravam a matéria como uma "versão", isso significava que uma informação militar importante e secreta havia vazado. No dia 1º de abril, quando os argentinos estavam prestes a desembarcar nas Malvinas, o *Clarín* publicou que o *Superb* era uma nave de 45 mil toneladas, com uma equipe de 97 especialistas em mergulho.

As reações dos ingleses foram bastante ambíguas. Um perito militar disse que seria razoável enviar à região submarinos atômicos ou uma força conjunta aérea e naval destinada a caçar submarinos. O *Daily Telegraph* deu a impressão de saber muita coisa sobre a história toda, e pouco a pouco o boato se transformou em fato. Os leitores argentinos ficaram chocados com o acontecimento, e a imprensa tratou de satisfazer suas expectativas mantendo-os em suspense. A informação veiculada teria sido fornecida pelo próprio comando militar argentino, e o *Superb* tornou-se "aquele submarino que fontes inglesas localizam no Atlântico Sul". No dia 4 de abril, já se havia avistado a embarcação não muito longe do litoral argentino. As fontes militares britânicas respondiam a todas as perguntas dizendo que não pretendiam revelar a localização de seus submarinos, e uma resposta tão óbvia reforçou a opinião geral de que havia submarinos ingleses em algum lugar — o que naturalmente era verdade.

Ainda em 4 de abril, diversas agências de notícias europeias informaram que o *Superb* estava prestes a zarpar com destino aos mares do Sul, liderando a Força-Tarefa britânica. Se essa informação era correta, a nave avistada perto da costa argentina não podia ser o *Superb*; no entanto, ao invés de atenuar a síndrome do submarino, a contradição agravou-a.

No dia 5 de abril, a agência de notícias DAN anunciou que o *Superb* se encontrava a 250 quilômetros das Falklands-Malvinas. O resto da mídia foi atrás, descrevendo todas as características do submarino e sua extraordinária potência. Em 6 de abril, a Marinha argentina localizou a embarcação perto do arquipélago e, na semana seguinte, o submarino *Oracle* juntou-se ao *Superb*. No dia 8 de abril, o jornal francês *Le Monde* mencionou as duas naves, e o *Clarín* reproduziu a matéria sob o título dramático de "Uma frota submarina?". Em 12 de abril, a tal frota se mostrou novamente, e o *Clarín* noticiou a chegada de submarinos soviéticos a águas meridionais.

Pois bem, essa história diz respeito não só à presença do *Superb* (tida como certa), mas também à diabólica competência dos ingleses, que conseguiram manter em segredo sua posição. Em 18 de abril, um piloto brasileiro avistou o *Superb* perto de Santa Catarina e o fotografou, mas a imagem não saiu nítida pois o tempo estava nublado. Aqui temos mais um efeito do nevoeiro (o terceiro destas conferências, se bem se lembram), desta vez criado diretamente pelos leitores a fim de manter o necessário suspense da história. Parece que estamos a meio caminho entre *Flatland* e *Blow Up*, de Antonioni.

No dia 22 de abril, quando a Força-Tarefa britânica realmente se encontrava a oitenta quilômetros do palco de operações, com vasos de guerra autênticos e submarinos autênticos, o *Clarín* informou a seus leitores que o submarino que estaria patrulhando a região das Malvinas havia voltado para a Escócia. Em 23 de abril, o jornal escocês *Daily Record* revelou que na verdade o *Superb* nunca deixara sua base britânica. Os jornais argentinos se viram obrigados a encontrar outro gênero narrativo, passando dos filmes de guerra para os romances de espionagem, e em 23 de abril o *Clarín* anunciou triunfante que a fraude das forças britânicas fora desmascarada.

Quem foi que inventou aquele Submarino Amarelo. Os serviços secretos britânicos, a fim de baixar o moral dos argentinos? O comando militar argentino, a fim de justificar sua intransigência? A imprensa britânica? A imprensa argentina? Quem se beneficiou com a boataria? Esse lado da história não me interessa. O que me interessa é a forma como a história inteira se desenvolveu a partir de um vago mexerico com a colaboração de todos os envolvidos. Todo mundo contribuiu para a criação do Submarino Amarelo porque era uma personagem de ficção fascinante e sua história era narrativamente empolgante.

Essa história — quer dizer, a história verdadeira de uma construção ficcional — tem muitas morais. Primeiro, mostra que somos constantemente tentados a dar forma à vida através de esquemas narrativos (mas esse será o tema de minha próxima e última conferência). Segundo, demonstra a força de pressuposições existenciais.² Em cada declaração que envolve nomes próprios ou descrições definidas o leitor ou ouvinte deve aceitar a existência da entidade sobre a qual se afirma alguma coisa. Se um sujeito me diz que não pôde ir a um encontro porque sua mulher estava doente, minha primeira reação é aceitar a existência dessa mulher. Só depois, se por acaso descobrir que o sujeito em questão é solteiro, vou poder concluir que ele mentiu. Mas até então, porque o ato de mencionar sua mulher *postulou-a* na estrutura discursiva, não tenho motivo para pensar que ela não existe. Essa é de tal forma a tendência natural dos seres humanos normais que, se leio um texto que começa assim: "Como todos sabem, o atual rei da França é calvo" (considerando que a França é amplamente conhecida como uma república e que não sou um filósofo da linguagem, e sim uma criatura humana normal), não corro a consultar as Tábuas da Verdade; ao contrário, resolvo suspender minha descrença e aceitar esse texto como um discurso ficcional que provavelmente conta uma história ambientada na época de Carlos, o Calvo. Faço isso porque é a única maneira de atribuir uma forma de existência à entidade postulada pela declaração, em qualquer mundo que seja.

Foi o que aconteceu com nosso submarino. Uma vez postulado pelo discurso da mídia, ele estava ali, e, como compete aos jornais dizer a verdade sobre o mundo real, as pessoas se esforçaram ao máximo para avistar o submarino.

Em *Ma che cos'è questo amore* [Mas o que é esse amor], de Achille Campanile (aquele sublime escritor humorístico), há uma personagem chamada barão Manuel, que, para facilitar sua secreta vida adúltera, vive dizendo à esposa e aos outros que tem de visitar e assistir um tal Pasotti, um querido amigo seu, que sofre de um mal crônico e cuja saúde declina tragicamente à medida que os casos do barão Manuel se tornam cada vez mais complicados. A presença de Pasotti é tão palpável que, embora o autor e o leitor saibam que ele não existe, chega um momento em que todos (com certeza as outras personagens, mas também o leitor) estão preparados para vê-lo aparecer em cena fisicamente. Assim, Pasotti surge de repente, infelizmente alguns minutos depois que o barão Manuel (que se fartou de sua vida adúltera) havia anunciado a morte do querido amigo.

O Submarino Amarelo foi postulado pela mídia, e, tão logo foi postulado, todo mundo o aceitou como real. O que acontece quando o autor postula num texto de ficção, como um elemento do mundo real (que é o pano de fundo do mundo ficcional), alguma coisa que não existe no mundo real? Como vocês talvez se lembrem, esse é o caso de Ann Radcliffe, que postulou oliveiras na Gasconha.

No primeiro capítulo de *Os três mosqueteiros*, D'Artagnan chega a Paris e logo encontra alojamento na Rue des Fossoyeurs, em casa de monsieur Bonacieux. A residência de monsieur De Tréville, para a qual se dirige em seguida, fica na Rue du Vieux Colombier (capítulo 2). Só no sétimo capítulo somos informados de que Porthos mora na mesma rua e Athos mora na Rue Férou. Hoje, a Rue du Vieux Colombier se estende ao norte da atual Place Saint-Sulpice, enquanto a Rue Férou se estende ao sul; contudo, a praça ainda não existia na época em que transcorre a ação de *Os três mosqueteiros*. Onde se aloja aquele indivíduo reticente e misterioso que atende pelo nome de Aramis? No capítulo 11, descobrimos que ele mora numa esquina da Rue Servandoni, e, se consultarem o mapa de Paris (figura 12), verão que a Rue Servandoni é a primeira rua a leste da Rue Férou, à qual é paralela. Esse capítulo 11 traz o título "L'intrigue se noue" ["A intriga se complica"]. Claro está que Dumas tinha em mente uma coisa muito diversa, mas para nós a intriga se complica do ponto de vista da onomástica e do planejamento urbano.

Uma noite, depois de visitar monsieur De Tréville, na Rue du Vieux Colombier, D'Artagnan resolve andar um pouco para pensar carinhosamente em sua amada, Mme. Bonacieux, e sem pressa volta para casa pelo "caminho mais comprido", conforme diz o texto. No entanto, não sabemos onde fica a Rue des Fossoyeurs e, se consultarmos um mapa da Paris atual, não a encontraremos. Assim, vamos seguir D'Artagnan, que está "conversando com a noite e sorrindo para as estrelas" (ver figura 13).

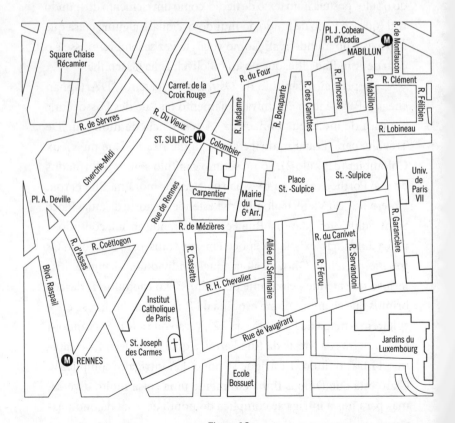

Figura 12

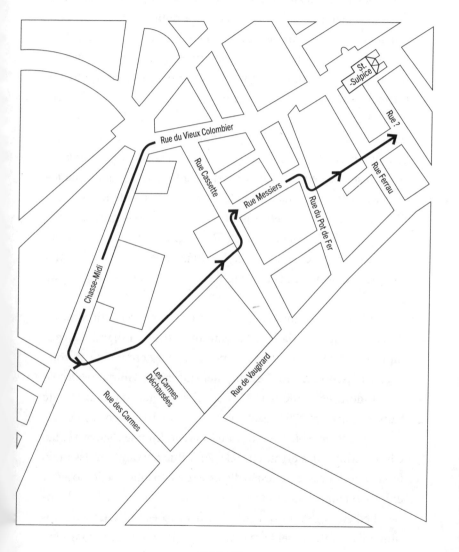

Figura 13

Se lermos o texto de Dumas examinando um mapa do século XVIII, veremos que D'Artagnan desce a Rue du Cherche-Midi (que naquela época, observa Dumas, chamava-se Chasse-Midi), passa por uma ruazinha que fica onde está hoje a Rue d'Assas e que sem dúvida era a Rue des Carmes, e dobra à esquerda, "porque a casa de Aramis se situava entre a Rue Cassette e a Rue Servandoni". Ao sair da Rue des Carmes, D'Artagnan provavelmente corta caminho por um terreno próximo ao convento das Carmelitas Descalças, dobra na Rue Cassette, entra na Rue Messiers (atual Mézières) e de algum modo atravessa a Rue Férou (Ferrau, na época), onde Athos mora, porém nem se dá conta disso (claro está que perambula como as pessoas apaixonadas). Se a casa de Aramis se situa entre a Rue Cassette e a Rue Servandoni, sua localização deveria ser na Rue du Canivet (que aparentemente ainda não existia em 1625).[3] No entanto deveria situar-se precisamente na esquina da Rue Servandoni ("Rue?" em nosso mapa), porque bem em frente à casa do amigo D'Artagnan vê um vulto deixar a Rue Servandoni (mais adiante descobrimos que se tratava de Mme. Bonacieux).

Infelizmente, nosso leitor empírico por certo ficará comovido com a menção da Rue Servandoni porque Roland Barthes morou lá; contudo Aramis não poderia ter se comovido, porque a ação transcorre em 1625 e o arquiteto florentino Giovanni Niccolò Servandoni nasceu em 1695, concebeu a fachada da igreja de Saint-Suipice em 1733 e se tornou nome de rua só em 1806.

Dumas até sabia que a Rue du Cherche-Midi se chamava então Chasse-Midi, mas errou em relação à Rue Servandoni. Isso não teria importância se a questão dissesse respeito unicamente ao autor empírico Dumas. Entretanto, agora que o texto está aí, nós, leitores obedientes, devemos seguir suas instruções e nos encontramos numa Paris inteiramente real, idêntica à Paris de 1625, com a exceção de uma rua que não podia existir naquela época.

Como vocês sabem, os lógicos e filósofos da linguagem têm discutido com frequência o problema do status ontológico das personagens de ficção (e também dos objetos e acontecimentos ficcionais), e não é absurdo perguntar o que significa dizer que "*p* é verdadeiro", quando *p* é uma proposição que se refere não ao mundo real, e sim ao ficcional. Em minha conferência anterior, todavia, decidimos nos ater à opinião mais sensata. Sejam quais forem suas posições filosóficas, vocês diriam que, no mundo ficcional de Conan Doyle, Sherlock Holmes é solteiro; se numa de suas histórias Holmes de repente pedisse a Watson para comprar três passagens de trem porque viajará com a sra. Holmes a fim de perseguir o dr. Moriarty, com certeza ficaríamos no mínimo um pouco perturbados. Permitam-me usar uma noção bem grosseira de verdade: não é verdade que Holmes é casado, assim como não é verdade que o Empire State fica em Berlim. Ponto.

Mas podemos afirmar com a mesma segurança que não é verdade que Aramis mora na esquina da Rue Servandoni? Naturalmente poderíamos argumentar que tudo se encaixa se dissermos apenas que no mundo possível de *Os três mosqueteiros* Aramis mora na esquina de uma certa rua X e que só por causa de um erro do autor empírico essa rua se chama Servandoni, quando na realidade devia ter outro nome. Keith Donnellan nos convenceu de que, se acreditamos e sustentamos equivocadamente que Jones é o assassino de Smith, sempre que mencionarmos o assassino de Smith estaremos nos referindo a Jones, ainda que este seja inocente.[4]

A questão é mais complicada, porém. Onde fica a Rue des Fossoyeurs, na qual mora D'Artagnan? Essa rua existia no século XVII e hoje não existe mais por um motivo muito simples: a velha Rue des Fossoyeurs era a mesma que hoje chamamos de Rue Servandoni. Portanto, *a*) Aramis mora numa rua que em 1625 ainda não tinha esse nome; e *b*) D'Artagnan mora na mesma rua de Aramis sem se dar conta de tal fato. Na verdade, D'Artagnan está numa situação ontológica bastante curiosa: acredita que, em sua Paris de 1625, há duas ruas com dois nomes diferentes, enquanto havia apenas uma com um único nome. Poderíamos dizer que um erro desse tipo não é improvável. Durante muitos séculos a humanidade acreditou que ao largo do litoral sul da Índia existiam duas grandes ilhas, Ceilão e Taprobana, e os cartógrafos do século XVI as desenharam; mas depois se constatou que essa duplicação era fruto da interpretação imaginativa das descrições de vários viajantes e que na realidade havia uma única ilha. Da mesma forma, acreditava-se que a estrela da manhã era diferente da estrela vespertina (Héspero e Fósforo, como eram chamadas), quando de fato trata-se do mesmo corpo celeste — Vênus.

Entretanto, essa não é a situação de D'Artagnan. Nós, seres terrestres, observamos duas entidades, Héspero e Fósforo, a distância, em dois momentos distintos do dia, e é compreensível que tenhamos cometido ou ainda cometamos o erro de acreditar que se trate de duas entidades distintas. Contudo, se fôssemos habitantes de Fósforo, não poderíamos acreditar na existência de Héspero, porque nenhum de nós jamais a teria visto brilhando no céu. O problema de Héspero e Fósforo preocupou Frege e outros filósofos terrestres, porém não se coloca para os filósofos fosfóricos, se é que existe algum. Como autor empírico que evidentemente cometeu um erro, Dumas se encontra na mesma situação dos filósofos terrestres. Já D'Artagnan, em seu mundo possível, encontra-se na mesma situação dos filósofos fosfóricos. Se está na rua que hoje chamamos de Servandoni, deve saber que está na Rue des Fossoyeurs, a rua onde mora. Assim, como pode pensar que é outra rua, aquela onde Aramis mora?

Se *Os três mosqueteiros* fosse um romance de ficção científica (ou um exemplo de ficção que se autoinvalida), não haveria problema. Eu poderia tranquilamente escrever a história de um navegador espacial que sai de Héspero em 1º de janeiro de 2001 e chega a Fósforo em 1º de janeiro de 1999. Minha história poderia postular a existência de mundos paralelos nos quais haveria uma defasagem de tempo equivalente a dois anos. Um desses planetas se chama Héspero; tem 1 milhão de habitantes e um rei chamado Stan Laurel. O outro é Fósforo; seus habitantes somam 1 milhão menos um (Stan Laurel não existe em Fósforo, que é uma república) e são exatamente os mesmos de Héspero (os mesmos nomes, as mesmas características, as mesmas histórias individuais, os mesmos vínculos familiares). Ou então eu poderia imaginar que o navegador espacial recua no tempo e chega a Héspero, que ainda era chamado de Fósforo, meia hora antes de seus habitantes decidirem a mudança de nome.

Mas um dos acordos ficcionais básicos de todo romance histórico é o seguinte: a história pode ter um sem-número de personagens imaginárias, porém o restante deve corresponder mais ou menos ao que aconteceu naquela época no mundo real.

Uma boa solução para o nosso quebra-cabeça poderia ser esta: segundo alguns mapas, parece que, pelo menos em torno de 1636, a Rue des Fossoyeurs passava a chamar-se Rue du Pied de Biche a partir de determinado ponto mais ao sul; assim sendo, D'Artagnan mora na Rue des Fossoyeurs e Aramis na Rue du Pied de Biche. D'Artagnan, que pensa que as duas ruas são diferentes porque têm nomes diferentes, sabe que mora numa rua que é continuação da rua de Aramis e erroneamente acha que esta última se chama Rue Servandoni, e não Rue du Pied de Biche. Por que não? Talvez ele tenha conhecido um florentino chamado Servandoni, bisavô do arquiteto de Saint-Sulpice, e sua memória lhe pregou uma peça.

Mas o texto não nos diz que D'Artagnan chega ao local que "acredita" ser a Rue Servandoni. O texto nos diz que ele chega ao local que o *leitor* deve acreditar ser a Rue Servandoni. Como podemos resolver essa situação desconcertante? Aceitando a ideia de que até agora o que fiz foi caricaturar as discussões sobre a ontologia das personagens ficcionais. O que realmente nos interessa não é a ontologia de mundos possíveis e seus habitantes (um problema respeitável nas discussões da lógica modal), e sim *a posição do leitor*.

O que nos diz que Holmes não é casado é sua saga — ou seja, um corpo ficcional. Mas só a Enciclopédia pode nos dizer que a existência da Rue Servandoni em 1625 era impossível; e, do ponto de vista do mundo textual, a informação da Enciclopédia não passa de mexerico irrelevante. Se pensarem um pouquinho nisso, vão ver que é o mesmo tipo de problema colocado pelo lobo em "Chapeuzinho Vermelho". Como leitores empíricos sabemos muito bem que lobo não fala, mas como leitores-modelo temos de concordar em viver num mundo em que os lobos falam. Assim, se aceitamos que no bosque existem lobos falantes, por que não podemos aceitar que em 1625 havia em Paris uma Rue Servandoni? Na verdade, é o que fazemos, e o que vocês vão continuar fazendo se relerem *Os três mosqueteiros*, mesmo depois de minhas revelações.

Em meus livros *Os limites da interpretação e Interpretação e superinterpretação*, insisti na diferença entre *interpretar* um texto e *usar* um texto, porém disse que não é proibido usar um texto para devanear. Nesta conferência, "usei" *Os três mosqueteiros* para me permitir uma aventura empolgante pelo mundo da História e da erudição. Devo reconhecer que gostei muito de percorrer as ruas de Paris a fim de encontrar aquelas mencionadas por Dumas e de examinar mapas da cidade datados do século XVII (todos muito imprecisos, aliás). Pode-se fazer com um texto ficcional o que bem se entender. Eu gostei de representar o papel do leitor paranoico e de verificar se a Paris do século XVII correspondia às descrições de Dumas.

Ao fazer isso, no entanto, não agi como um leitor-modelo e

nem mesmo como um leitor empírico normal. Para saber quem foi Servandoni é preciso saber um bocado de arte, e para saber que a Rue des Fossoyeurs era a Rue Servandoni é preciso ter um bocado de conhecimento especializado. O texto de Dumas, que através de sinais estilísticos se apresenta como um romance histórico popular, não pode pretender alcançar esse tipo sofisticado de leitor. Portanto, os leitores-modelo de Dumas não têm obrigação de conhecer esse irrelevante detalhe de que em 1625 a Rue Servandoni se chamava Rue des Fossoyeurs e podem continuar lendo alegremente.

Isso resolve tudo? De jeito nenhum. Vamos imaginar que Dumas fez D'Artagnan deixar a casa de De Tréville na Rue du Vieux Colombier e entrar na Rue Bonaparte (que já existia nessa época: era perpendicular à Rue du Vieux Colombier e paralela à Rue Férou e chamava-se então Rue du Pot de Fer). Não, isso seria demais. Ou jogaríamos o livro fora, indignados, ou tentaríamos relê-lo, convencidos de que erramos ao nos colocar como leitores-modelo de um romance histórico. Estaríamos lidando não com um romance histórico, mas com uma daquelas histórias chamadas ucrônicas — que se passam num tempo histórico totalmente maluco, em que Júlio César duela com Napoleão e Euclides consegue por fim demonstrar o teorema de Fermat.

Por que não podemos aceitar que D'Artagnan caminhe pela Rue Bonaparte, se aceitamos que caminhe pela Rue Servandoni? É óbvio: porque quase todo mundo sabe que a Rue Bonaparte não podia existir no século XVII, e quase ninguém sabe que a Rue Servandoni tampouco podia existir nessa época — nem Dumas sabia.

Portanto, nosso problema tem menos a ver com a ontologia das personagens que vivem em mundos ficcionais do que com o formato da Enciclopédia do leitor-modelo. *Os três mosqueteiros* prevê leitores-modelo que se interessam por reconstituição histórica (desde que não seja muito erudita) e sabem quem foi Bonaparte; têm apenas uma vaga ideia da diferença entre os reinados de Luís

XIII e Luís XIV, de modo que o autor lhes fornece um bocado de informação tanto no começo quanto ao longo da história; e não pretendem vasculhar os arquivos nacionais franceses para descobrir se naquela época de fato existiu um conde de Rochefort. Deveriam saber também que a América já havia sido descoberta? O texto não diz nem sugere isso, mas é razoável supor que, se D'Artagnan encontrasse Cristóvão Colombo na Rue Servandoni, o leitor ficaria estupefato. "Ficaria" porque estou apenas supondo. Há leitores que certamente são capazes de acreditar que Colombo foi contemporâneo de D'Artagnan, porque há leitores para os quais tudo que não é presente é "passado" e o passado pode ser muito vago. Assim, uma vez que dissemos que o texto pressupõe uma Enciclopédia do leitor com um determinado formato, é muito difícil estabelecer esse formato.

O primeiro exemplo que vem à mente é *Finnegans Wake*, que prevê, demanda e requer um leitor-modelo dotado de uma competência enciclopédica infinita, superior ao do autor empírico James Joyce — um leitor capaz de descobrir alusões e ligações semânticas até onde o autor empírico não as percebeu. Na verdade, o texto pressupõe (como disse Joyce) um "leitor ideal acometido de uma insônia ideal". Dumas não esperava — ao contrário, ficaria extremamente irritado — um leitor como eu, que vai investigar onde se situa a Rue des Fossoyeurs. Por outro lado, Joyce (embora o bosque de *Finnegans Wake* seja potencialmente infinito, de maneira que quando se entra não se consegue sair) queria um leitor capaz de deixar o bosque a qualquer momento e pensar em outros bosques, na floresta infinita da cultura universal e da *intertextualidade*.

Podemos dizer que todo texto de ficção cria um leitor-modelo, semelhante a "Funes, o Memorioso", de Borges? Claro que não. Os leitores de "Chapeuzinho Vermelho" não precisam saber nada sobre Giordano Bruno, ao contrário dos leitores de *Finnegans*

Wake. Assim, qual é o formato da Enciclopédia que uma obra narrativa "normal" requer de nós?

Em seu livro *The Cognitive Computer* [O computador cognitivo], Roger Schank e Peter Childers nos permitem enfocar o problema de outro ângulo: qual é o formato da Enciclopédia que se deveria dar a uma máquina para que ela possa escrever (e entender) fábulas como as de Esopo?[5]

Em seu programa Tale-Spin começaram com uma Enciclopédia em pequena escala: o computador foi informado como — considerando-se um conjunto de situações problemáticas — um urso podia fazer planos para conseguir mel.

No início das tentativas, o Urso perguntou ao Pássaro onde poderia encontrar mel e o Pássaro respondeu que "havia uma colmeia no carvalho". Porém, numa das primeiras histórias produzidas pelo computador, o Urso se agastou pois achou que o Pássaro não tinha lhe respondido. Na verdade, faltava à sua competência enciclopédica a informação de que às vezes se pode indicar a localização de um alimento utilizando-se metonímia — quer dizer, designando a fonte em vez do alimento. Proust enalteceu Flaubert por escrever que Mme. Bovary se aproximou da lareira e por julgar desnecessário dizer aos leitores que ela estava com frio. Ademais, Flaubert supôs que seus leitores soubessem que uma lareira produz calor. Inversamente, Schank e Childers entenderam que tinham de ser mais explícitos com um computador e lhe forneceram dados sobre a relação do alimento com sua fonte. Entretanto, quando o Pássaro repetiu que havia uma colmeia no carvalho, o Urso foi até o carvalho e devorou a colmeia inteira. Sua Enciclopédia ainda estava incompleta: faltava explicar ao Urso a diferença entre fonte como continente e fonte como objeto, porque "encontrar uma geladeira será útil quando você tiver fome [só] se você souber que precisa olhar dentro dela, e não comê-la. Nada disso é óbvio para uma máquina".[6]

Outro incidente imprevisto ocorreu quando a máquina recebeu informações sobre a maneira de utilizar determinados meios para alcançar determinados fins (por exemplo, "se uma personagem quer um objeto, uma opção consiste em tentar barganhar com o dono do objeto"). E vejam o que aconteceu:

O Urso estava com fome. Perguntou ao Pássaro onde havia mel. Este se recusou a dizer-lhe, e o Urso ofereceu-se então para trazer-lhe uma minhoca, caso o outro contasse onde havia mel. O Pássaro aceitou a oferta. Mas o Urso não sabia onde encontrar minhocas e perguntou ao Pássaro, que se recusou a dizer-lhe. Em seguida, o Urso ofereceu-se para trazer-lhe uma minhoca, caso ele contasse onde havia minhocas. O Pássaro aceitou a oferta. Mas o Urso não sabia onde encontrar minhocas e perguntou ao Pássaro, que se recusou a dizer-lhe. Então o Urso se ofereceu para trazer-lhe uma minhoca, caso ele contasse onde havia minhocas...[7]

A fim de evitar esse círculo vicioso, o computador foi instruído a "não dar um objetivo a uma personagem se esta já tem um [quer dizer, se já tentou alcançá-lo e não conseguiu], mas experimentar outra coisa". No entanto, até mesmo essas instruções causaram problemas, porque interagiram mal com informações posteriores — por exemplo, "se uma personagem está com fome e vê um alimento, vai querer comê-lo. Se uma personagem está tentando arrumar comida e não consegue, vai ficar doente por falta de alimentação".

Eis aqui uma história produzida pelo computador: a Raposa viu o Corvo empoleirado num galho com um pedaço de queijo no bico e, como estava com fome, evidentemente quis comer o queijo; assim, convenceu o Corvo a cantar. Quando este abriu o bico, o queijo caiu no chão. Uma vez que o queijo estava no chão, a Raposa o viu novamente e, em circunstâncias normais, teria tido vontade de comê-lo. Mas o computador fora instruído para não dar o mesmo objetivo duas vezes a uma personagem, de modo que a Raposa não pôde satisfazer a fome e ficou doente. Péssimo para ela. Mas o que aconteceu com o Corvo?

> O Corvo viu o queijo no chão e teve fome, porém sabia que o queijo era seu. Ele era muito honesto consigo mesmo, de forma que resolveu não trapacear consigo mesmo a fim de dispensar o queijo. Tampouco tentava se enganar, nem estava competindo consigo mesmo, mas lembrou-se de que também se achava numa posição de domínio sobre si mesmo, e então se recusou a dar-se o queijo. Não lhe ocorreu nenhum bom motivo para se dar o queijo [se fizesse isso, perderia o queijo], de modo que propôs trazer uma minhoca para si, caso se desse o queijo. Isso lhe pareceu correto, mas ele não sabia onde encontrar minhocas. Então perguntou para si mesmo: "Corvo, você sabe onde encontrar minhocas?". Mas naturalmente ele não sabia, de modo que... [e vai por aí afora].[8]

Na verdade, é necessário saber muita coisa para se ler uma fábula. No entanto, por mais que Schank e Childers tivessem de ensinar a seu computador, não precisaram lhe dizer onde ficava a Rue Servandoni. O mundo do Urso sempre foi um mundo pequeno.

Para ler uma obra de ficção é preciso ter alguma noção dos critérios econômicos que norteiam o mundo ficcional. Os critérios não estão lá — ou melhor, como em todo círculo hermenêutico, têm de ser pressupostos mesmo quando se tenta inferi-los a partir das evidências do texto. Por essa razão, ler é como uma aposta. Apostamos que seremos fiéis às sugestões de uma voz que não diz explicitamente o que está sugerindo.

Vamos voltar a Dumas e tentar lê-lo como se fôssemos leitores formados em *Finnegans Wake* — quer dizer, como se estivéssemos autorizados a encontrar em toda parte evidências e indícios para alusões e curtos-circuitos semânticos. Vamos tentar superinterpretar *Os três mosqueteiros*.

Poderíamos supor que mencionar a Rue Servandoni não foi um erro, e sim uma pista, uma alusão — que Dumas jogou esse nome nas margens do texto a fim de alertar seus leitores. Ele queria que os leitores entendessem que todo texto ficcional contém uma contradição básica exatamente porque se esforça tanto para fazer o mundo ficcional corresponder ao mundo real. Dumas queria demonstrar que toda ficção é uma ficção que se autoinvalida. O título do capítulo "A intriga se complica" refere-se não só aos casos amorosos de D'Artagnan ou da rainha, mas também à natureza da própria narratividade.

Aqui, no entanto, os critérios econômicos entram em cena. Dissemos que Nerval queria que reconstituíssemos sua história e pudemos afirmar isso porque o texto de *Sylvie* contém uma grande quantidade de sinais temporais. É difícil acreditar que esses sinais fossem fortuitos; não é por acaso que a única data precisa do romance aparece no final, como se o narrador nos convidasse a reler o livro para redescobrir a sequência da história, que ele perdeu e nós ainda não encontramos. Mas os sinais temporais espalhados ao longo do texto de Nerval surgem sempre em momentos cruciais do enredo, exatamente quando o leitor se sente perdido. Eles funcionam como sinais de trânsito, apagados porém perceptíveis num cruzamento enevoado. Por outro lado, quem sair caçando anacronismos em Dumas talvez encontre vários, embora nenhum em pontos muito estratégicos. No capítulo 11, a voz narrativa se concentra no ciúme de D'Artagnan, um drama que não se alteraria em função do caminho percorrido pela personagem. Sim, pode-se dizer que o capítulo inteiro gira em torno de uma confusão de identidades: primeiro vemos um vulto, depois esse vulto é identificado como Mme. Bonacieux, depois ela fala com uma pessoa que D'Artagnan julga ser Aramis, depois descobrimos que essa pessoa era uma mulher; no final do capítulo, Mme. Bonacieux será acompanhada por alguém que D'Artagnan novamente julga ser seu amante, mas depois descobrimos que é lorde Buckingham, o amante da rainha... Por que não pensar que a confusão com as ruas é intencional — que funciona como signo e alegoria da confusão com as pessoas, e que há paralelos sutis entre os dois tipos de mal-entendido?

A resposta é a seguinte: ao longo do livro ocorrem reconhecimentos repentinos após os casos de identidade equivocada, como era comum nos romances populares do século XIX. D'Artagnan constantemente reconhece num estranho que passa o infame homem de Meung; muitas vezes acredita que Mme. Bonacieux é infiel e depois descobre que ela é pura como um anjo. Athos reconhecerá *Milady* como Anne de Breuil, com quem se casou anos antes de descobrir que ela era uma criminosa. *Milady* reconhecerá no carrasco de Lille o irmão do homem que ela levou à ruína. E assim por diante. Ao anacronismo referente à Rue Servandoni, contudo, não se segue nenhuma revelação, e Aramis continua morando lá até o romance terminar e provavelmente ainda depois. De acordo com as regras dos romances de capa e espada do século XIX, se seguirmos a pista Servandoni, acabaremos num beco sem saída.

Até agora fizemos algumas divertidas experiências mentais, perguntando-nos o que teria acontecido se Nerval tivesse nos dito que nenhum cavalo puxava a carruagem, se Rex Stout tivesse situado Alexanderplatz em Nova York, se Dumas tivesse feito D'Artagnan entrar na Rue Bonaparte. Tudo bem, nós nos divertimos, como os filósofos às vezes se divertem; mas não devemos esquecer que Nerval nunca disse que faltava cavalo na carruagem, que Stout nunca colocou Alexanderplatz em Nova York e que D'Artagnan nunca dobrou a esquina da Rue Bonaparte.

A competência enciclopédica exigida do leitor (os limites impostos ao tamanho potencialmente infinito da Enciclopédia máxima, que nenhum de nós jamais possuirá) é limitada pelo texto ficcional. Provavelmente, um leitor-modelo de Dumas devia saber que Bonaparte não podia ser nome de rua em 1625, e na verdade Dumas não comete esse erro. Provavelmente, não se espera desse mesmo leitor que saiba quem foi Servandoni, e Dumas pode tomar a liberdade de mencioná-lo no lugar errado. Um texto ficcional sugere algumas capacidades que o leitor deveria ter e estabelece outras. Quanto ao mais, continua sendo vago, porém naturalmente não nos obriga a explorar toda a Enciclopédia máxima.

O formato preciso da Enciclopédia que um texto requer de um leitor permanece no campo da conjectura. Descobrir isso equivale a descobrir a estratégia do autor-modelo — quer dizer, não a figura-no-tapete, e sim a *regra* segundo a qual se pode traçar muitas figuras no tapete da ficção.

Qual é a moral dessa história? É que os textos ficcionais prestam auxílio a nossa tacanheza metafísica. Vivemos no grande labirinto do mundo real, que é maior e mais complexo que o mundo de Chapeuzinho Vermelho. É um mundo cujos caminhos ainda não mapeamos inteiramente e cuja estrutura total não conseguimos descrever. Na esperança de que existam regras do jogo, ao longo dos séculos a humanidade vem se perguntando se esse labirinto tem um autor ou talvez mais de um. E vem pensando em Deus ou nos deuses como autores empíricos, narradores ou autores-modelo. As pessoas tentam imaginar uma divindade empírica: se tem barba; se é Ele, Ela ou Isso; se nasceu ou sempre existiu; e até (em nossa própria época) se morreu. Sempre se procurou Deus como Narrador — nos intestinos dos animais, no voo dos pássaros, na sarça ardente, na primeira frase dos Dez Mandamentos. Alguns, todavia (inclusive filósofos, é claro, mas também adeptos de muitas religiões), procuraram Deus como Autor-Modelo — quer dizer, Deus como a Regra do Jogo, como a Lei que torna ou um dia tornará compreensível o labirinto do mundo. A Divindade nesse caso é algo que precisamos descobrir ao mesmo tempo que descobrimos por que estamos no labirinto e qual é o caminho que nos cabe percorrer.

No pós-escrito a *O nome da rosa*, eu disse que gostamos de histórias policiais porque fazem a mesma pergunta formulada pela filosofia e pela religião: "Quem fez isso?".[9] Mas isso é metafísica para um leitor do primeiro nível. O leitor do segundo nível tem perguntas de uma ordem maior: como devo identificar (conjecturalmente) ou até mesmo como devo construir o Autor-Modelo para que minha leitura faça sentido? Stephen Dedalus se questionava: se um homem que martela ao acaso um bloco de madeira elabora a imagem de uma vaca, essa imagem é uma obra de arte? E, se não o é, por que não o é?[10] Hoje, tendo já formulado uma poética do ready-made, sabemos a resposta: aquele objeto informal é uma obra de arte se conseguimos imaginar por trás dele a estratégia de um autor. Esse é um caso extremo, em que tornar-se um bom leitor necessariamente implica tornar-se um bom autor. Entretanto, é um caso extremo que expressa muito bem o elo indissolúvel, a dialética, entre autor e leitor-modelo.

Nessa dialética, temos de seguir o preceito do oráculo de Delfos: "Conhece-te a ti mesmo". E como, conforme Heráclito nos lembra, "o Senhor cujo oráculo está em Delfos não fala nem esconde, mas indica através de sinais", o conhecimento que buscamos é ilimitado porque assume a forma de uma contínua interrogação.

Embora potencialmente infinita, essa interrogação é limitada pelo formato resumido da Enciclopédia que uma obra de ficção demanda; mas quanto ao mundo real, com a infinidade de cópias que é possível fazer dele, não sabemos ao certo se é infinito e limitado ou finito e ilimitado. Contudo, há outro motivo pelo qual nos sentimos metafisicamente mais à vontade na ficção do que na realidade. Existe uma regra de ouro em que os criptoanalistas confiam — a saber, que toda mensagem secreta pode ser decifrada, desde que se saiba que é uma mensagem. O problema com o mundo real é que, desde o começo dos tempos, os seres humanos vêm se perguntando se há uma mensagem e, em havendo, se essa mensagem faz sentido. Com os universos ficcionais sabemos sem dúvida que têm uma mensagem e que uma entidade autoral está por trás deles como criador e dentro deles como um conjunto de instruções de leitura.

Assim, nossa busca do autor-modelo é um *Ersatz* para aquela outra procura, no curso da qual a Imagem do Pai se esvaece na Névoa do Infinito, e nunca deixamos de nos perguntar por que existe alguma coisa em vez de nada.

6. Protocolos ficcionais

Se os mundos ficcionais são tão confortáveis, por que não tentar ler o mundo real como se fosse uma obra de ficção? Ou, se os mundos ficcionais são tão pequenos e ilusoriamente confortáveis, por que não tentar criar mundos ficcionais tão complexos, contraditórios e provocantes quanto o mundo real?

Deixem-me responder primeiro a segunda pergunta: Dante, Rabelais, Shakespeare, Joyce na verdade fizeram isso. E Nerval. Em meus escritos sobre "obras abertas", refiro-me precisamente a obras de literatura que se esforçam para ser tão ambíguas quanto a vida. É verdade que, em *Sylvie*, sabemos sem sombra de dúvida que Adrienne morreu em 1832 (mas não temos tanta certeza de que Napoleão tenha morrido em 1821 — pois ele poderia ter sido retirado secretamente de Santa Helena por Julien Sorel, deixando um sósia em seu lugar, e vivido sob o nome de *père* Dodu em Loisy, onde conheceu o narrador em 1830). O resto da história de Sylvie, no entanto — toda aquela interação ambígua entre vida e sonho, passado e presente —, assemelha-se mais ao que prevalece em nossa vida cotidiana do que à inabalável certeza com que nós, e Scarlett O'Hara, sabemos que amanhã é outro dia.

Agora deixem-me responder a primeira pergunta. Em *Obra aberta*, falei sobre a estratégia dos programas de televisão ao vivo, que procuram organizar o fluxo fortuito de acontecimentos dando-lhe uma estrutura narrativa; comentei que a vida com certeza é mais semelhante a *Ulysses* do que a *Os três mosqueteiros* — apesar de nossa tendência a vê-la mais em termos de *Os três mosqueteiros* que de *Ulysses*.[1] Minha personagem Jacopo Belbo, de *O pêndulo de Foucault*, parece enaltecer essa inclinação natural ao dizer:

> Nenhum dândi autêntico, pensava eu, faria amor com Scarlett O'Hara ou mesmo com Constance Bonacieux [...]. Servia-me do folhetim para dar um passeio fora da vida [...]. Mas estava enganado [...]. Proust é que tinha razão: uma música ruim representa a vida melhor que uma Missa Solemnis. A Grande Arte [...] nos mostra [...] o mundo como os artistas gostariam que fosse. Já o folhetim finge brincar e no entanto nos mostra o mundo como realmente é — ou pelo menos como será. As mulheres se parecem muito mais com Milady que com Little Nell, Fu Manchu é mais real que Nathan, o Sábio, e a História está mais perto do que Sue narra que do que Hegel projeta.[2]

Um comentário amargo, sem dúvida, feito por uma personagem desiludida. Contudo, retrata nossa tendência natural de interpretar o que nos acontece em termos do que Barthes chamou de "*texte lisible*", *texto legível*. Já que a ficção parece mais confortável que a vida, tentamos ler a vida como se fosse uma obra de ficção.

Nesta última conferência vou abordar vários casos em que somos compelidos a trocar a ficção pela vida — a ler a vida como se fosse ficção, a ler ficção como se fosse a vida. Algumas dessas confusões são agradáveis e inocentes, algumas absolutamente necessárias, algumas assustadoras.

Em 1934, Carlo Emilio Gadda publicou um artigo de jornal que descrevia o matadouro de Milão. Sendo Gadda um grande escritor, o artigo era também um belo exemplo de prosa. Recentemente Andrea Bonomi sugeriu uma experiência interessante.[3] Imaginem que o artigo não menciona Milão, falando simplesmente de "esta cidade"; que permaneceu em forma datilografada entre os textos inéditos de Gadda; e que hoje uma pesquisadora o encontra, mas não sabe ao certo se tem nas mãos a descrição de um fragmento do mundo real ou uma obra de ficção. E, assim, ela não se pergunta se as afirmações contidas no texto são verdadeiras ou não; ao contrário, diverte-se reconstituindo um universo, o universo do matadouro de uma cidade não identificada — e talvez imaginária. Mais tarde, descobre outra cópia do artigo nos arquivos do matadouro de Milão; há muitos anos o diretor do matadouro escreveu na margem dessa cópia: "Nota: eis aqui uma descrição totalmente correta". Portanto, o texto de Gadda é um relato fiel sobre um lugar preciso existente no mundo real. Bonomi assinala que a pesquisadora tem de reformular sua visão do texto, porém não precisa relê-lo. O mundo que o texto descreve, os habitantes desse mundo e todas as propriedades de ambos são os mesmos; a pesquisadora vai simplesmente projetar essa representação na realidade. Como diz Bonomi: "Para entender o conteúdo de um texto que descreve determinada situação não precisamos aplicar a esse conteúdo as categorias de verdadeiro ou falso".

Isso não é tão óbvio. Na verdade, em geral achamos que, ao ouvirmos ou lermos qualquer tipo de relato, devemos supor que o sujeito que fala ou escreve pretende nos dizer alguma coisa que temos de aceitar como verdadeira e, assim, estamos dispostos a avaliar seu pronunciamento em termos de verdadeiro ou falso. Da mesma forma, comumente pensamos que só em casos excepcionais — aqueles em que aparece um sinal ficcional — suspendemos a descrença e nos preparamos para entrar num mundo imaginário. A experiência com o texto de Gadda prova, ao contrário, que, quando ouvimos uma série de frases recontando o que aconteceu a alguém em tal e tal lugar, a princípio colaboramos reconstituindo um universo que possui uma espécie de coesão interna — e só depois decidimos se devemos aceitar essas frases como uma descrição do mundo real ou de um mundo imaginário.

Isso coloca em discussão uma distinção que muitos teóricos têm proposto — a saber, entre narrativa *natural* e *artificial*.[4] A narrativa natural descreve fatos que ocorreram na realidade (ou que o narrador afirma, mentirosa ou erroneamente, que ocorreram na realidade). Exemplos de narrativa natural são meu relato do que aconteceu comigo ontem, uma notícia de jornal ou mesmo *Declínio e queda do Império Romano*, de Gibbon. A narrativa artificial é supostamente representada pela ficção, que apenas *finge* dizer a verdade sobre o universo real ou afirma dizer a verdade sobre um universo ficcional.

Em geral, reconhecemos a narrativa artificial graças ao "paratexto" — ou seja, as mensagens externas que rodeiam um texto. Um sinal paratextual típico da narrativa de ficção é a palavra "romance" na capa do livro. Às vezes, até o nome do autor pode funcionar dessa maneira; assim, os leitores do século XIX sabiam sem sombra de dúvida que estavam diante de uma obra de ficção quando o frontispício do livro anunciava que fora escrito "pelo autor de *Waverley*". O sinal textual (quer dizer, interno) de ficcionalidade mais óbvio é uma fórmula introdutória como "Era uma vez".

Entretanto, as coisas nem sempre são tão bem definidas quanto a visão teórica pode levar a crer. Vejamos, por exemplo, o histórico incidente provocado em 1940 pelo programa radiofônico de Orson Welles sobre uma invasão de marcianos. O mal-entendido e até mesmo o pânico resultaram do fato de alguns ouvintes acreditarem que todos os noticiários radiofônicos constituem exemplos de narrativa natural, enquanto Welles pensava que havia fornecido aos ouvintes um número suficiente de sinais ficcionais. Muitos ouvintes, porém, só sintonizaram a emissora depois que o programa já havia começado; outros não entenderam os sinais ficcionais e passaram a projetar o conteúdo do programa no mundo real.

Meu amigo Giorgio Celli, que é escritor e professor de entomologia, uma vez escreveu um conto sobre o crime perfeito. Ele e eu éramos personagens dessa história. Celli (a personagem de ficção) injetou num tubo de pasta de dente uma substância química que atrai vespas sexualmente. Eco (a personagem de ficção) escovou os dentes com essa pasta antes de ir dormir, e um pouco do dentifrício ficou em seus lábios. Isso atraiu para seu rosto enxames de vespas sexualmente excitadas, cujos ferrões foram fatais para o pobre Eco. A história foi publicada na terceira página do jornal de Bolonha *Il Resto del Carlino*. Como vocês sabem, ou não sabem, os jornais italianos, pelo menos até alguns anos atrás, costumavam dedicar a terceira página às artes e letras. A matéria chamada *elzeviro*, que saía na coluna da esquerda da página, podia ser uma resenha, um ensaio curto ou até mesmo um conto. O conto de Celli foi publicado com o título "Como matei Umberto Eco". Evidentemente, os editores confiavam em seu pressuposto básico: os leitores sabem que devem levar a sério tudo que está no jornal, menos as matérias da página literária, que devem ou podem ser consideradas como exemplos de narrativa artificial.

Mas naquela manhã, ao entrar no café perto de casa, fui saudado pelos garçons com expressões de alegria e alívio, pois pensaram que Celli de fato havia me matado. Atribuí o fato a sua formação cultural, que não os habilitava a reconhecer as convenções jornalísticas. Todavia, mais tarde, nesse mesmo dia, encontrei o reitor de minha faculdade, um homem de vasta cultura que naturalmente sabe tudo o que há para saber a respeito da diferença entre texto e paratexto, narrativa natural e artificial, e por aí afora. Ele me disse que, ao ler o jornal naquela manhã, ficou estupefato. O choque não durou muito, mas a presença daquele título num jornal — uma estrutura textual onde, por definição, são relatados fatos verdadeiros — confundiu-o por um instante.

Já se disse que a narrativa artificial é identificável por ser mais complexa que a natural. No entanto, qualquer tentativa de determinar as diferenças estruturais entre narrativa natural e artificial em geral pode ser anulada por uma série de contraexemplos. Poderíamos, por exemplo, definir ficção como uma narrativa em que as personagens realizam certas ações ou passam por certas experiências e na qual essas ações e paixões transportam a personagem de um estado inicial para um final. Contudo, poderíamos aplicar a mesma definição também a uma história séria e verdadeira como: "Ontem à noite, eu estava faminto. Saí para comer. Pedi bife e lagosta e depois fiquei satisfeito".

Se acrescentarmos que essas ações devem ser difíceis e devem acarretar decisões dramáticas e inesperadas, tenho a certeza de que W. C. Fields saberia criar um relato empolgante da angústia que o dominava ante a perspectiva da difícil escolha entre bife e lagosta e da brilhante solução que encontrou para esse problema. Tampouco podemos dizer que as decisões com que deparam as personagens de *Ulysses* são mais dramáticas que as que tornamos em nossa vida cotidiana. Nem mesmo os preceitos aristotélicos (segundo os quais o herói de uma história não deve ser nem melhor nem pior que nós, deve passar por reconhecimentos inesperados e deve estar sujeito a rápidas mudanças de sorte até o ponto em que a ação alcança um clímax catastrófico, seguido pela catarse) bastam para definir uma obra de ficção: muitas das *Vidas* de Plutarco também preenchem esses requisitos.

Parece que a ficcionalidade se revela por meio da insistência em detalhes inverificáveis e intrusões introspectivas, pois nenhum relato histórico pode suportar tais "efeitos de realidade". Roland Barthes, contudo, citou um trecho da *História da França*, de Michelet (volume 5, *A Revolução*), em que o autor utiliza esse artifício ficcional ao descrever a prisão de Charlotte Corday: "*Au bout d'une heure et demie, on frappe doucement à une petite porte qui était derrière elle*" ("Ao cabo de uma hora e meia bateram de leve numa pequena porta que estava atrás dela").[5]

Quanto aos sinais ficcionais introdutórios explícitos, naturalmente nunca os encontraríamos no começo de qualquer narrativa natural. Assim, apesar do título, *Uma história verdadeira*, de Luciano de Samósata, deve ser considerada ficcional, pois no segundo parágrafo o autor afirma claramente: "Apresentei mentiras de toda espécie sob o disfarce da verdade e da confiabilidade". No início de *Tom Jones*, Fielding previne o leitor de que está apresentando um romance. Mas outra indicação típica de ficcionalidade é a falsa afirmação de veracidade no começo de uma história. Comparem estes exemplos de início:

> Incitavam-me os justos e insistentes pedidos dos frades mais cultos […] a perguntar-me por que não existe hoje em dia ninguém capaz de escrever uma crônica, em qualquer forma literária, de modo que pudéssemos legar a nossos descendentes um relato dos muitos acontecimentos que ocorreram tanto nas igrejas de Deus como entre povos, acontecimentos que merecem ser conhecidos.

> Nunca a grandiosidade e a galantaria brilharam tão intensamente como no reinado de Henrique II.

O primeiro trecho é da *Historia suorum temporum* [História de seus tempos], de Radulfus Glaber; o segundo, de *A princesa de Clèves*, de Mme. De Lafayette. Convém assinalar que a segunda passagem se estende por páginas e mais páginas antes de revelar ao leitor que é a abertura de um romance e não de uma crônica.

Em 16 de agosto de 1968 recebi um livro escrito por um certo abade Vallet [...] Suplementado por informação histórica que na verdade era muito escassa, o livro afirmava reproduzir fielmente um manuscrito do século XIV.

Quando viu determinados estrangeiros ricos segurando nos braços cachorrinhos e filhotes de macaco, acariciando-os, César perguntou (diz-se) se suas mulheres haviam tido filhos.

O segundo começo, que parece ficção, é da "Vida de Péricles", de Plutarco; o primeiro é de meu romance *O nome da rosa*.

Se a história das aventuras no mundo de algum homem particular merece ser divulgada e é aceitável para publicação, o editor do presente relato julga ser este o caso. Os prodígios da vida desse homem excedem tudo (pensa ele) que existe [...]. O editor acredita tratar-se de uma história real; tampouco há nela qualquer aparência de ficção.

Talvez não seja inaceitável para nossos leitores que aproveitemos esta oportunidade de apresentar-lhes um ligeiro esboço do maior rei que, nos tempos modernos, ascendeu a um trono por direito de nascimento. Talvez seja impossível, receamos, condensar uma história tão longa e notável dentro dos limites que devemos nos impor.

O primeiro texto é o início de *Robinson Crusoe*; o segundo é o início de um ensaio de Macaulay sobre Frederico, o Grande.

Não devo começar a narrar os fatos de minha vida sem antes mencionar meus bons pais, cujos caráter e amorosidade teriam grande influência sobre minha educação e meu bem-estar.

É um pouco estranho que — embora avesso a falar demasiado sobre minha pessoa e meus assuntos junto à lareira e a meus amigos [...] — por duas vezes na vida um impulso autobiográfico tenha se apossado de mim, dirigindo-me ao público.

A primeira citação abre as memórias de Giuseppe Garibaldi; a segunda é de *A letra escarlate*, de Nathaniel Hawthorne.

Naturalmente, existem sinais ficcionais mais ou menos explícitos — por exemplo, o começo *in medias res*, um diálogo de abertura, a insistência numa história individual e não geral, e, acima de tudo, sinais imediatos de ironia, como no romance de Robert Musil, *O homem sem qualidades*, que se inicia com uma longa descrição do tempo, cheia de termos técnicos:

> Havia uma depressão sobre o Atlântico. Deslocava-se para o leste, para uma área de alta pressão sobre a Rússia, e contudo não mostrava nenhuma tendência de mover-se para o norte a sua volta. As isotermas e isoteras estavam cumprindo sua função. A temperatura atmosférica era condizente com a temperatura média anual.

Musil prossegue por meia página e depois comenta:

> Em suma, para usar uma expressão que descreve os fatos de modo bem satisfatório, embora seja um pouco antiquada: era um belo dia de agosto no ano de 1913.

Basta, porém, encontrar uma única obra de ficção que não apresente nenhuma dessas características (poderíamos citar dezenas de exemplos) para afirmar que não existe um sinal incontestável de ficcionalidade. Contudo, como dissemos antes, pode haver elementos de paratexto.

Em tal caso, o que ocorre com frequência é que não decidimos entrar num mundo ficcional; de repente nos vemos dentro desse mundo. Depois de algum tempo, nos damos conta disso e concluímos que o que está ocorrendo é um sonho. Como disse Novalis: "Você está prestes a acordar quando sonha que está sonhando". Mas esse estado de semissono — estado no qual se encontra o narrador de *Sylvie* — levanta muitos problemas.

Na ficção, as referências precisas ao mundo real são tão intimamente ligadas que, depois de passar algum tempo no mundo do romance e de misturar elementos ficcionais com referências à realidade, como se deve, o leitor já não sabe muito bem onde está. Tal situação dá origem a alguns fenômenos bastante conhecidos. O mais comum é o leitor projetar o modelo ficcional na realidade — em outras palavras, o leitor passa a acreditar na existência real de personagens e acontecimentos ficcionais. O fato de muitas pessoas terem acreditado e ainda acreditarem que Sherlock Holmes tenha existido de fato é apenas o mais famoso de numerosos exemplos possíveis. Se vocês já visitaram Dublin com alguns fãs de Joyce, sabem que, ao fim de certo tempo, é extremamente difícil, para eles e para vocês, separar a cidade descrita por Joyce da cidade real; e a fusão se tornou ainda mais fácil depois que os estudiosos identificaram os indivíduos que Joyce utilizou como modelos. Caminhando ao longo dos canais ou entrando na Martello Tower, vocês começam a confundir Gogarthy com Lynch ou Cranly e o jovem Joyce com Stephen Dedalus.

Falando de Nerval, Proust diz que "sente-se um arrepio percorrer a espinha quando se lê o nome 'Pontarmé' num guia ferroviário".[6] Tendo percebido que *Sylvie* trata de um homem que sonha com um sonho, Proust sonha com Valois, que efetivamente existe, na esperança absurda de reencontrar a moça que se tornou parte de seus próprios sonhos.

Levar a sério as personagens de ficção também pode produzir um tipo incomum de intertextualidade: uma personagem de determinada obra ficcional pode aparecer em outra obra ficcional e, assim, atuar como um sinal de veracidade. É o que acontece no final do segundo ato de *Cyrano de Bergerac*, de Rostand, quando um mosqueteiro apresentado como "D'Artagnan" cumprimenta o herói. A presença de D'Artagnan garante a veracidade da história de Cyrano — embora D'Artagnan fosse uma figura histórica menor (conhecida basicamente graças a Dumas) e Cyrano fosse um escritor famoso.

Quando se põem a migrar de um texto para o outro, as personagens ficcionais já adquiriram cidadania no mundo real e se libertaram da história que as criou.

Certa vez, ocorreu-me a seguinte ideia para um romance (já que a narrativa pós-moderna tem hoje leitores acostumados com toda depravação metaficcional possível):

Viena, 1950. Vinte anos se passaram, mas Sam Spade não desistiu de procurar o falcão maltês. Seu contato agora é Harry Lime, e eles estão conversando furtivamente no alto da roda-gigante do Prater. Descem e se dirigem ao Café Mozart, onde Sam está tocando na lira "As Time Goes by". Numa mesa do fundo, um cigarro pendurado no canto da boca, uma expressão amarga no rosto, está Rick. Ele encontrou uma pista nos papéis que Ugarte lhe mostrara e agora mostra a Sam Spade uma fotografia de Ugarte: "Cairo!", murmura o detetive. Rick prossegue com seu relato: quando triunfalmente entrou em Paris com o capitão Renault como membro do exército libertador de De Gaulle, ouviu falar de uma certa Dragon Lady (supostamente a assassina de Robert Jordan durante a Guerra Civil espanhola), que o serviço secreto havia colocado no rastro do falcão. Ela deveria chegar a qualquer momento. A porta se abre e uma mulher aparece, "Ilsa!", exclama Rick. "Brigid!", exclama Sam Spade. "Anna Schmidt!", exclama Lime. "Miss Scarlett!", exclama Sam. "Você voltou! Não faça meu chefe sofrer mais."

Da escuridão do bar sai um homem com um sorriso sarcástico no rosto. É Philip Marlowe. "Vamos, Miss Marple", diz ele para a mulher. "O padre Brown está nos esperando na Baker Street."

Quando se torna fácil atribuir uma vida real a uma personagem de ficção? Esse não é o destino de todas as personagens de ficção. Não aconteceu com Gargantua, com dom Quixote, com madame Bovary, com Long John Silver, com Lord Jim ou com Popeye (nem o de Faulkner, nem o dos quadrinhos). Mas aconteceu com Sherlock Holmes, Sidarta, Leopold Bloom e Rick Blaine. Acredito que a vida extratextual e intratextual das personagens coincide com fenômenos cult. Por que um filme se torna cult? Por que um romance ou um poema se tornam cult?

Algum tempo atrás, tentando explicar por que *Casablanca* se tornou um *cult movie*, propus a hipótese de que um fator importante para o surgimento de um culto ao redor de uma obra específica é a "desconexão" da obra. Mas desconexão também implica a possibilidade de "desconjuntamento" — o que demanda alguma explicação. Hoje é do conhecimento geral que *Casablanca* foi rodado dia a dia sem ninguém saber como a história ia terminar. Ingrid Bergman está encantadoramente misteriosa porque não sabia com qual dos dois homens ficaria e, assim, brindou a ambos com seu sorriso terno e ambíguo. Também é de nosso conhecimento que, para incrementar o enredo, os roteiristas colocaram no filme todos os clichês da narrativa cinematográfica, transformando-o, por assim dizer, num museu para os aficionados. Por essa razão, o filme pode ser usado como um kit para montar arquétipos. De certo modo, a mesma coisa se aplica a *The Rocky*

Horror Picture Show, que é o *cult movie* por excelência precisamente porque não tem forma e, assim, pode ser deformado e desconjuntado sem cessar. No entanto devemos assinalar também que, num famoso ensaio, T.S. Eliot ousou dizer que aí estava o segredo do sucesso de *Hamlet*.

Segundo Eliot, *Hamlet* resultou da mistura de três fontes distintas nas quais o motivo era a vingança, nas quais os adiamentos se deviam à dificuldade de assassinar um rei cercado de guardas e nas quais a loucura era o meio deliberado e eficiente de Hamlet evitar suspeitas. Shakespeare, ao contrário, trabalhou com o efeito da culpa de uma mãe sobre o filho e não conseguiu impor muito bem seu tema ao material "intratável" de suas fontes. Assim,

> o adiamento da vingança é inexplicado em termos de necessidade ou conveniência; e o efeito da "loucura" não é aplacar as suspeitas do rei, e sim incitá-las [...]. E provavelmente mais pessoas consideraram *Hamlet* uma obra de arte porque a acharam interessante [e menos pessoas] a acharam interessante porque é uma obra de arte. É a Mona Lisa da literatura.[7]

A imensa e antiga popularidade da Bíblia se deve a sua natureza desconexa, resultante do fato de ter sido escrita por muitos autores diferentes. A *Divina comédia* não é desconexa, mas, por causa de sua complexidade, do número de personagens e dos fatos relatados (tudo que ao céu e à terra diz respeito, como Dante afirmou), pode-se desconjuntar cada frase dessa obra e usá-la como fórmula mágica ou artifício mnemônico. Alguns fanáticos chegaram ao ponto de tomá-la como base de jogos triviais, da mesma forma que, na Idade Média, a *Eneida* de Virgílio servia de manual para profecias e adivinhações, como as *Centúrias* de Nostradamus (outro exemplo excelente de sucesso devido à desconexão radical e irremediável). Entretanto, se a *Divina comédia* pode ser desconjuntada, o *Decameron* não o pode, pois cada história deve ser tomada em sua inteireza. O quanto se pode desconjuntar determinada obra não depende do valor estético desta. *Hamlet* ainda é uma obra fascinante (e nem mesmo Eliot pode nos convencer a gostar menos dela), porém não acredito que os próprios fãs de *Rocky Horror* estejam dispostos a atribuir-lhe uma grandeza shakespeariana. Contudo, tanto *Hamlet* quanto *Rocky Horror* são *cult objects*, pois o primeiro é "desconjuntável" e o último é tão desconjuntado que permite toda espécie de jogos interativos. Para se tornar sagrado, um bosque tem de ser emaranhado e retorcido como as florestas dos druidas, e não organizado como um jardim francês.

Há, portanto, muitos motivos para que uma obra de ficção possa ser projetada na realidade. Porém, temos de considerar também outro problema, muito mais importante: nossa tendência a construir a vida como um romance.

Segundo o mito judaico-cristão das origens, Adão deu nome a todas as criaturas e coisas. Na velha busca da linguagem perfeita (que será o tema de meu próximo livro), fizeram-se várias tentativas para reconstituir a linguagem de Adão, do qual se diz que soube dar nome a coisas e criaturas de acordo com sua natureza. Durante séculos, acreditou-se que Adão inventou uma nomenclatura — ou seja, uma lista de designadores rígidos — com nomes de "espécies naturais", de modo que pôde conferir um rótulo "verdadeiro" a cavalos, maçãs ou carvalhos. No século XVII, Francis Lodwick apresentou a teoria de que os nomes originais não eram de substâncias, e sim de ações; em outras palavras, não havia nome original para o bebedor ou a bebida, mas havia um nome para o ato de beber. Foi da esfera da ação, disse Lodwick, que derivaram os nomes do agente (o bebedor), do objeto (a bebida) e do local (a taberna onde se bebe). As noções de Lodwick precederam o que hoje se chama teoria de *gramática de caso* (da qual Kenneth Burke foi um dos primeiros defensores), segundo a qual nosso entendimento de um termo num contexto toma a forma de uma instrução: "Deveria haver um agente, um contra-agente, um objetivo, e assim por diante". Em suma, entendemos as frases porque conseguimos imaginar histórias curtas, às quais essas frases se referem mesmo quando estão nomeando determinada categoria natural.

Encontramos uma ideia semelhante no *Crátilo*, de Platão: uma palavra representa não uma coisa em si, mas a fonte ou o resultado de uma ação. A forma genitiva de Júpiter é *Dios*, porque esse nome original expressava a atividade habitual do rei dos deuses — quer dizer, ser *di' on zen*, "aquele através do qual se concede a vida". Da mesma maneira, considera-se *anthropos* ("homem") uma corruptela de um sintagma mais antigo que significava "aquele que é capaz de reconsiderar o que viu".

Assim, poderíamos dizer que Adão não distinguiu tigres (por exemplo) apenas como espécimes individuais de uma categoria natural. Ele distinguiu animais particulares, dotados de certas propriedades morfológicas, na medida em que estavam envolvidos em determinados tipos de ação, interagindo com outros animais e com seu ambiente natural. Depois afirmou que o sujeito (em geral agindo contra certos contrassujeitos a fim de atingir certos objetivos e geralmente aparecendo em circunstâncias específicas) era apenas parte de uma história — a história sendo inseparável do sujeito e o sujeito sendo parte indispensável da história. Só nesse estágio de conhecimento do mundo o sujeito *X-em-ação* podia ser classificado como "tigre".

Hoje, no campo da inteligência artificial, os especialistas utilizam a palavra "*frames*" [quadros] para indicar esquemas de ação (como entrar num restaurante, ir à estação tomar um trem, abrir um guarda-chuva). Uma vez que aprenda esses esquemas, o computador consegue entender situações diferentes. No entanto, psicólogos como Jerome Bruner afirmam que nossa maneira normal de explicar experiências do cotidiano assume igualmente a forma de histórias,[8] e a mesma coisa ocorre com a História vista como *historia rerum gestarum*, ou narração de eventos passados reais. Arthur Danto disse que a "História conta histórias", e Hayden White falou da "História como artefato literário".[9] A.-J. Greimas baseou toda a sua teoria de semiótica num "modelo actante", uma espécie de esqueleto narrativo que representa a estrutura mais profunda de qualquer processo semiológico, de modo que a "narratividade é [...] o princípio organizador de *todo* discurso".[10]

Nosso relacionamento perceptual com o mundo funciona porque confiamos em histórias anteriores. Não poderíamos perceber inteiramente uma árvore se não soubéssemos (porque outras pessoas nos disseram) que ela é o produto de um longo processo de crescimento e que não cresce da noite para o dia. Essa certeza faz parte de nosso "entendimento" de que uma árvore é uma árvore, e não uma flor. Aceitamos como verdadeira uma história que nossos ancestrais nos transmitiram, ainda que hoje chamemos esses ancestrais de cientistas.

Ninguém vive no presente imediato; ligamos coisas e fatos graças à função adesiva da memória pessoal e coletiva (história e mito). Confiamos num relato anterior quando, ao dizer "eu", não questionamos que somos a continuação natural de um indivíduo que (de acordo com nossos pais ou com o registro civil) nasceu naquela determinada hora, naquele determinado dia, naquele determinado ano e naquele determinado local. Vivendo com duas memórias (nossa memória individual, que nos habilita a relatar o que fizemos ontem, e a memória coletiva, que nos diz quando e onde nossa mãe nasceu), muitas vezes tendemos a confundi-las, como se tivéssemos testemunhado o nascimento de nossa mãe (e também o de Júlio César) da mesma forma como "testemunhamos" as cenas de nossas experiências passadas.

Esse emaranhado de memória individual e memória coletiva prolonga nossa vida, fazendo-a recuar no tempo, e nos parece uma promessa de imortalidade. Quando partilhamos dessa memória coletiva (através das histórias de nossos antepassados ou através dos livros), somos como Borges contemplando o mágico Aleph — o ponto que contém o universo inteiro: no decorrer de nossa vida podemos de certo modo estremecer junto com Napoleão quando um vento frio de repente fustiga Santa Helena, exultar com Henrique v pela vitória em Azincourt e sofrer com César pela traição de Brutus.

E, assim, é fácil entender por que a ficção nos fascina tanto. Ela nos proporciona a oportunidade de utilizar infinitamente nossas faculdades para perceber o mundo e reconstituir o passado. A ficção tem a mesma função dos jogos. Brincando as crianças aprendem a viver, porque simulam situações em que poderão se encontrar como adultos. E é por meio da ficção que nós, adultos, exercitamos nossa capacidade de estruturar nossa experiência passada e presente.

Mas, se a atividade narrativa está tão intimamente ligada a nossa vida cotidiana, será que não interpretamos a vida como ficção e, ao interpretar a realidade, não lhe acrescentamos elementos ficcionais?

Eu gostaria de contar uma história espantosa que sem sombra de dúvida sempre foi ficcional — porque foi baseada em citações explícitas de fontes ficcionais — e que no entanto muitas pessoas infelizmente assumem como verdadeira.

A construção de nossa história se iniciou há muito tempo, no começo do século XIV, quando Filipe, o Belo, aniquilou os templários. Desde então inventaram-se muitas histórias sobre as atividades clandestinas dos sobreviventes da ordem. Ainda hoje podemos encontrar sobre esse assunto dezenas de obras recentes, em geral nas prateleiras que trazem o rótulo *New Age*.

No século XVII surgiu outra história — a da Rosa-Cruz. A Irmandade da Rosa-Cruz apareceu pela primeira vez nas descrições contidas nos manifestos da Rosa-Cruz (*Fama fraternitatis*, 1614; *Confessio roseae crucis*, 1615). O autor ou autores dos manifestos são desconhecidos — oficialmente, porque aqueles a quem se atribuiu a autoria a negaram. Os manifestos deram origem a uma série de atividades por parte dos que acreditavam na existência da irmandade e assim expressavam seu ardente desejo de ingressar nela. Salvo umas poucas insinuações, ninguém admitia pertencer à irmandade, pois o grupo era secreto e os autores rosa-cruzes diziam que não eram rosa-cruzes. Isso significa que, *ipso facto*, todos os que mais tarde se declararam rosa-cruzes com certeza não o eram. O resultado é que não só não existe nenhuma prova histórica da existência dos rosa-cruzes, como por definição não pode mesmo existir. No século XVII, Heinrich Neuhaus conseguiu "demonstrar" que eles existiam, baseando sua demonstração neste argumento extraordinário: "Só porque mudaram de nome e mentem em relação à idade, e porque em função mesmo de sua admissão vão e vêm sem ser reconhecidos, nenhuma pessoa sensata pode negar que eles devam necessariamente existir" (*Pia et ultimissima admonestatio de fratribus Roseae Crucis*, Danzig, 1618).

Nos séculos subsequentes, os adeptos formaram incontáveis grupos esotéricos que se proclamaram os únicos e genuínos herdeiros dos rosa-cruzes originais e afirmaram possuir documentos indiscutíveis — os quais, no entanto, não podem ser mostrados a ninguém, uma vez que são secretos.

No século XVIII, um ramo francês da maçonaria chamado Maçonaria Escocesa (também conhecido como Maçonaria Templária e Ocultista) tornou-se parte dessa construção ficcional. Os maçons escoceses não só fizeram suas origens remontarem aos construtores do Templo de Salomão, como ainda afirmaram que os construtores do Templo se relacionavam com os templários, cuja tradição secreta teria sido transmitida por intermédio dos rosa-cruzes. Essas sociedades secretas e a possível existência de "Superiores Desconhecidos" que guiavam o destino do mundo foram tema de debate na época imediatamente anterior à Revolução Francesa. Em 1789, o marquês de Luchet avisou que "no seio da mais profunda escuridão formou-se uma sociedade, uma sociedade de novas criaturas, que se conhecem conquanto nunca tenham se visto [...]. Do sistema disciplinar dos jesuítas essa sociedade tomou a obediência cega; dos maçons, suas provas e cerimônias; e dos templários, seus mistérios subterrâneos e sua grande audácia" (*Essai sur la secte des illuminés* [Ensaio sobre a seita dos iluminados], 1789).

Entre 1797 e 1798, num esforço para explicar a Revolução Francesa, o abade Barruel escreveu suas *Mémoires pour servir à l'histoire du jacobinisme* [Memórias para servir à história do jacobinismo], um livro supostamente factual que parece um folhetim. Naturalmente, ele se inicia com uma discussão dos templários. Depois que seu grão-mestre Molay foi executado na fogueira, eles se transformaram numa sociedade secreta empenhada em destruir o Papado e todas as monarquias e criar uma república mundial. No século XVIII, assumiram o controle da maçonaria e fundaram uma espécie de academia (da qual faziam parte Voltaire, Turgot, Condorcet, Diderot e D'Alembert); foram ainda responsáveis pela criação dos jacobinos. Todavia, quem controlava os jacobinos era uma sociedade ainda mais secreta, a dos Iluminados da Baviera — regicidas por vocação. Assim, de acordo com Barruel, a Revolução Francesa veio a ser o resultado final de uma velha trama.

Até Napoleão encomendou relatórios sobre seitas clandestinas. O autor desses documentos foi Charles de Berkheim, que — como fazem em geral os espiões e informantes — obteve sua informação de fontes públicas e entregou ao soberano, como um fantástico furo de reportagem, todas as notícias que este poderia ter lido nos livros do marquês de Luchet e de Barruel. Aparentemente Napoleão ficou tão impressionado com essas descrições horripilantes de um diretório de Superiores Desconhecidos capazes de governar o mundo que fez o possível para ingressar no grupo.

As *Mémoires* de Barruel não contêm nenhuma referência aos

judeus. Contudo, em 1806, o abade recebeu uma carta de um certo capitão Simonini, o qual afirmava que Manés (o fundador do maniqueísmo) e o Velho da Montanha (grão-mestre da ordem secreta dos Assassinos e aliado notório dos templários originais) eram judeus; que a maçonaria fora fundada por judeus; e que os judeus se infiltraram em todas as sociedades secretas existentes. Parece que a carta de Simonini foi, na verdade, fabricada pelos agentes do ministro da polícia Joseph Fouché, que andava preocupado com o fato de Napoleão se aproximar da comunidade judaica francesa por motivos políticos.

Barruel ficou assustado com as revelações de Simonini e consta que declarou reservadamente que a publicação da carta poderia provocar um massacre dos judeus. Não obstante, elaborou um ensaio no qual aceitava as ideias de Simonini, e, embora destruísse esse texto, os boatos já haviam começado a se espalhar. Só produziram resultados interessantes em meados do século, quando os jesuítas se alarmaram com os protagonistas anticlericais do Risorgimento italiano, como Garibaldi, que eram afiliados à maçonaria. Passaram então a dizer que os *carbonari* italianos eram agentes de um complô judaico-maçônico.

Todavia, no século XIX, os anticlericais também tentavam difamar os jesuítas mostrando que conspiravam contra a humanidade. Foi o caso de muitos escritores "sérios" (de Michelet e Quinet a Garibaldi e Gioberti); contudo foi um romancista, Eugène Sue, quem deu a maior publicidade a tais acusações. Em seu romance *O judeu errante*, o perverso monsieur Rodin, a encarnação da conspiração jesuítica mundial, é claramente mais uma versão romanesca dos Superiores Desconhecidos. Monsieur Rodin retorna no último romance de Sue, *Os mistérios do povo*, onde o plano diabólico dos jesuítas é exposto até o último detalhe criminoso num documento enviado a Rodin (personagem ficcional) pelo diretor da ordem, padre Roothaan (figura histórica). Sue retoma ainda outra personagem ficcional, Rodolphe de Gerolstein, de seu romance *Os mistérios de Paris* (um autêntico livro cult, a ponto de milhares de leitores enviarem cartas a suas personagens). Gerolstein se apodera do documento e revela "quão astutamente se urdiu essa trama infernal e que terríveis sofrimentos, que pavorosa escravização, que horrendo despotismo significaria para a Europa e o mundo se ela tivesse vingado".

Em 1864, depois de publicados os romances de Sue, um tal Maurice Joly criticou Napoleão III escrevendo um panfleto liberal em que Maquiavel, que representa o cinismo do ditador, conversa com Montesquieu. A conspiração jesuítica inventada por Sue (com a mesma fórmula clássica, "os fins justificam os meios") agora é atribuída a Napoleão — e detectei nesse panfleto nada menos que sete páginas que, se não são plágio, no mínimo estão repletas de extensas e inconfessas citações de Sue. Joly foi preso por causa de seus escritos anti-imperiais, passou quinze anos no cárcere e depois se suicidou. Joly sai de cena, porém vamos reencontrá-lo mais adiante.

Hermann Goedsche, um funcionário do Correio alemão que já havia publicado panfletos de caráter político caluniosos e difamatórios, escreveu em 1868, sob o pseudônimo de Sir John Retcliffe, um romance popular intitulado *Biarritz*, no qual apresentava uma cena de ocultismo no cemitério de Praga. Seu modelo fora a cena da reunião (descrita em 1849 por Dumas em *Joseph Balsamo*) de Cagliostro, chefe dos Superiores Desconhecidos, com um grupo de outros Iluminados, para tramar o Caso do Colar de Diamantes. Contudo, em vez de retratar Cagliostro & Cia., Goedsche remontou a cena com representantes das doze tribos de Israel, que se reúnem a fim de preparar a conquista do mundo pelos judeus — conquista que seu grão-rabino descreve em detalhes. Cinco anos depois, um panfleto russo ("Os judeus, senhores do mundo") reutilizou a mesma história como se fosse verdadeira. Em 1881, o periódico francês *Le Contemporain* publicou a história mais uma vez, afirmando que provinha de uma fonte irreprochável, o diplomata inglês Sir John Readcliff. Em 1896, François Bournand voltou a citar os discursos do grão-rabino (a quem chamou de John Readcliff) em seu Livro *Les Juifs, nos contemporains* [Os judeus, nossos contemporâneos]. A partir daí a reunião fictícia inventada por Dumas, acrescida dos projetos criados por Sue e atribuída por Joly a Napoleão III tornou-se o discurso "real" do grão-rabino e reapareceu em vários outros lugares.

A história não termina aí. O russo Piotr Ivanovich Rachkovski (que não era personagem de ficção, mas bem que merecia ser) havia sido preso por seu envolvimento com grupos revolucionários esquerdistas e mais tarde se tornou informante da polícia; na virada do século, ingressou na organização terrorista de extrema-direita conhecida como as Centúrias Negras e acabou se tornando chefe da Okhrana, a polícia política do tsar. A fim de ajudar o conde Sergei Witte, seu protetor, a livrar-se de um adversário político, Elie de Cyon, Rachkovski tratou de vasculhar a casa deste último; ali encontrou um panfleto que era cópia do texto de Joly contra Napoleão III com uma ressalva: Cyon o "corrigira" para atribuir as mesmas ideias a Witte. Como todo adepto das Centúrias Negras, Rachkovski era um antissemita feroz (e esses fatos ocorreram mais ou menos na época do caso Dreyfus) e criou uma nova versão romanesca daquele velho texto, eliminando todas as referências a Witte e atribuindo a trama aos judeus. O nome "Cyon" lembrava "Sion", e Rachkovski achou que uma trama de judeus denunciada por um judeu podia ser altamente confiável.

O texto criado por Rachkovski foi provavelmente a primeira fonte de *Os protocolos dos sábios de Sião*. Os *Protocolos* são claramente ficcionais, pois neles os sábios expõem seus malignos projetos sem o menor pudor — o que seria plausível num romance de Sue. Porém, é difícil acreditar que alguém agisse na realidade com tamanho descaramento. Os sábios declaram abertamente: "Temos uma ambição ilimitada, uma cobiça voraz, um desejo impiedoso de vingança e um ódio intenso". Contudo — como no caso de Hamlet, segundo Eliot —, a variedade de fontes narrativas torna o texto incoerente.

Nos *Protocolos*, os sábios querem abolir a liberdade de imprensa, mas estimulam a libertinagem. Criticam o liberalismo, mas apoiam a ideia de corporações multinacionais. Pregam a revolução em todos os países, mas querem exacerbar a desigualdade com o objetivo de incitar as massas. Planejam construir metrôs para ter um modo de minar as grandes cidades. Declaram que os fins justificam os meios e são favoráveis ao antissemitismo, tanto para controlar os judeus pobres, como para abrandar o coração dos gentios face à tragédia judaica. Desejam abolir o estudo dos clássicos e da História antiga e instituir esportes e educação visual (ou seja, educação por meio de imagens) para imbecilizar a classe trabalhadora. E assim por diante.

Como os estudiosos observaram, é fácil perceber que os *Protocolos* foram um produto da França oitocentista, pois estão repletos de referências a questões do *fin de siècle* francês (como o escândalo do Panamá e os rumores sobre a presença de acionistas judeus na Companhia do Metrô de Paris). Também é claro que foram baseados em vários romances famosos. Infelizmente, a história, mais uma vez, era tão convincente como narrativa que muita gente não teve dificuldade em levá-la a sério. O resto é História: um monge itinerante chamado Sergei Nilus, que vivia entre a comunidade russa da França — uma figura bizarra, meio profeta e meio canalha, desde muito obcecado com a ideia do Anticristo —, a fim de favorecer sua ambição de tornar-se conselheiro espiritual do tsar, prefaciou e publicou o texto dos *Protocolos*. Depois esse texto percorreu a Europa e foi cair nas mãos de Hitler. Vocês conhecem o resto da história.[11] Toda a bizantina construção está na figura 14.

Figura 14

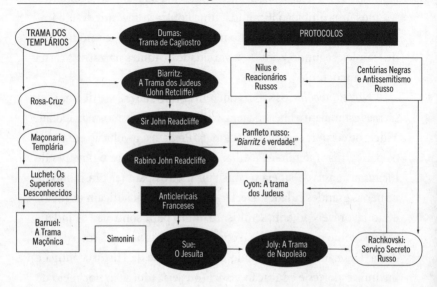

Ninguém percebeu que se tratava de uma obra de ficção? Claro, alguns perceberam. Pelo menos em 1921, o *Times* de Londres descobriu o velho panfleto de Joly e entendeu que era a fonte dos *Protocolos*. Mas provas não bastam para aqueles que querem viver num romance de horror. Em 1924, Nesta Webster, que passou a vida apoiando a história dos Superiores Desconhecidos e da trama judaica, escreveu um livro intitulado *Secret Societies and Subversive Movements* [Sociedades secretas e movimentos subversivos]. Estava muito bem informada, conhecia as revelações do *Times* e sabia a história inteira de Nilus, Rachkovski, Goedsche e por aí afora. (Só ignorava as ligações com Dumas e Sue, que são descobertas minhas.) Eis sua conclusão:

> A única opinião que endossei, verdadeira ou não, é a de que os *Protocolos* representam com efeito o programa de uma revolução mundial e que, tendo em vista sua natureza profética e sua extraor-

dinária semelhança com os protocolos de determinadas sociedades secretas do passado, foram obra ou de uma sociedade secreta ou de alguém profundamente versado no conhecimento de sociedades secretas e que conseguiu reproduzir suas ideias e fraseologia.[12]

O silogismo é impecável: uma vez que se assemelham à história que contei, os *Protocolos* a confirmam. Ou: os *Protocolos* confirmam a história que criei a partir deles; logo, são verdadeiros.

Na mesma linha, saindo de *Os mistérios de Paris* e entrando em *Os mistérios do povo*, Rodolphe de Gerolstein confirma, com a autoridade do primeiro romance, a veracidade do segundo.

Como devemos lidar com intrusões da ficção na vida, agora que vimos o impacto histórico que esse fenômeno pode causar? Não desejo propor que meus passeios pelos bosques da ficção sejam um remédio para as grandes tragédias de nosso tempo. Não obstante, esses passeios nos habilitaram a entender os mecanismos pelos quais a ficção é capaz de moldar a vida. Às vezes, os resultados podem ser inocentes e prazerosos, como quando se faz uma peregrinação à Baker Street; porém, às vezes a vida pode se transformar num pesadelo, e não num sonho. Refletir sobre essas complexas relações entre leitor e história, ficção e vida, pode constituir uma forma de terapia contra o sono da razão que gera monstros.

De qualquer modo, não deixamos de ler histórias de ficção, porque é nelas que procuramos uma fórmula para dar sentido a nossa existência. Afinal, ao longo de nossa vida buscamos uma história de nossas origens que nos diga por que nascemos e por que vivemos. Às vezes procuramos uma história cósmica, a história do universo, ou nossa história pessoal (que contamos a nosso confessor ou a nosso analista, ou que escrevemos nas páginas de um diário). Às vezes, nossa história pessoal coincide com a história do universo.

Aconteceu comigo, conforme atesta a seguinte narrativa natural:

Há alguns meses fui convidado a visitar o Museu da Ciência de La Coruña, na Galícia. Ao final da visita, o curador anunciou que tinha uma surpresa para mim e me conduziu ao planetário. Um planetário sempre é um lugar sugestivo, porque, quando se apagam as luzes, temos a impressão de estar num deserto sob um céu estrelado. Mas naquela noite algo especial me aguardava.

De repente a sala ficou inteiramente às escuras, e ouvi um lindo acalanto de Manuel de Falla. Lentamente (embora um pouco mais depressa do que na realidade, já que a apresentação durou ao todo quinze minutos) o céu sobre minha cabeça se pôs a rodar. Era o céu que aparecera sobre minha cidade natal — Alessandria, na Itália — na noite de 5 para 6 de janeiro de 1932, quando nasci. Quase hiper--realisticamente vivenciei a primeira noite de minha vida.

Vivenciei-a pela primeira vez, pois não tinha visto essa primeira noite. Provavelmente nem minha mãe a viu, exausta como estava depois de me dar à luz; mas talvez meu pai a tenha visto, ao sair para o terraço, um pouco agitado com o fato maravilhoso (pelo menos para ele) que testemunhara e ajudara a produzir.

O planetário usava um artifício mecânico que se pode encontrar em muitos lugares. Outras pessoas talvez tenham passado por uma experiência semelhante. Mas vocês hão de me perdoar se durante aqueles quinze minutos tive a impressão de ser o único homem desde o início dos tempos que havia tido o privilégio de se encontrar com seu próprio começo. Eu estava tão feliz que tive a sensação — quase o desejo — de que podia, deveria morrer naquele exato momento e que qualquer outro momento teria sido inadequado. Teria morrido alegremente, pois vivera a mais bela história que li em toda a minha vida. Talvez eu tivesse encontrado a história que todos nós procuramos nas páginas dos livros e nas telas dos cinemas: uma história na qual as estrelas e eu éramos os protagonistas. Era ficção porque a história fora reinventada pelo curador; era História porque recontava o que acontecera no cosmos num momento do passado; era vida real porque eu era real e não uma personagem de romance. Por um instante, fui o leitor--modelo do Livro dos Livros.

Aquele foi um bosque da ficção que eu gostaria de nunca ter deixado.

Mas, como a vida é cruel, para vocês e para mim, aqui estou.

Notas

1. ENTRANDO NO BOSQUE [pp. 7-33]

1. Italo Calvino, *Six Memos for the Next Millenium* (Cambridge, Mass.: Harvard University Press, 1988).
2. Ibid., p. 36.
3. Ibid., p. 46.
4. Achille Campanile, *Agosto, moglie mia non ti conosco*, in *Opere* (Milão: Bompiani, 1989), p. 830.
5. Carolina Invernizio, *L'albergo del delitto* (Turim: Quartara, 1954), p. 5.
6. Franz Kafka, *Metamorphosis and Other Stories*, trad. Willa Muir e Edwin Muir (Londres: Minerva, 1992), p. 1.
7. Alfred Kazin, *On Native Grounds* (Nova York: Harcourt Brace, 1982), p. 445.
8. Roger Schank, *Reading and Understanding* (Hillsdale, N. J.: Lawrence Erlbaum, 1982), p. 21.
9. Umberto Eco, *The Role of the Reader* (Bloomington: Indiana University Press, 1979).
10. Id., *The Limits of Interpretation* (Bloomington: Indiana University Press, 1990); Id., *Interpretation and Overinterpretation* (Cambridge: Cambridge University Press, 1992).
11. Id., "Il tempo di *Sylvie*", *Poesia e Critica*, 2 (1962), pp. 51-65; Patrizia Violi (ed.), *Sur Sylvie*, edição especial de *VS* 31-32 (jan./ago. 1982).
12. Gérard de Nerval, *Sylvie: Souvenirs du Valois* (Paris: Éditions des

Horizons, 1947). Publicado originalmente em *La Revue des Deux Mondes*, 15 jul. 1853. Publicado em inglês com o título *Sylvie: Recollections of Valois* (Nova York: George Routledge and Sons, 1887). As duas traduções inglesas apresentadas aqui são de minha autoria.

13. James Joyce, *A Portrait of the Artist as a Young Man* (Nova York: Viking, 1964), p. 215.

14. Sobre esse assunto sou particularmente grato a Wayne Booth, *The Rhetoric of Fiction* (Chicago: University of Chicago Press, 1961); Roland Barthes, "Introduction à l'analyse structurale des récits", *Communications* 8 (1966); Tzvetan Todorov, "Les Catégories du récit littéraire", *Communications* 8 (1966); E. D. Hirsch, *Validity in Interpretation* (New Haven: Yale University Press, 1967); Michael Riffaterre, *Essais de stylistique structurale* (Paris: Flammarion, 1971); Id., *The Semiotics of Poetry* (Bloomington: Indiana University Press, 1978); Gérard Genette, *Figures III* (Paris: Seuil, 1972); Wolfgang Iser, *The Implied Reader* (Baltimore: Johns Hopkins University Press, 1974); Michel Foucault, "What Is an Author?", in Donald F. Bouchard (ed.), *Language, Counter-Memory, Practice: Selected Essays and Interviews* (Ithaca: Cornell University Press, 1977); Maria Corti, *An Introduction to Literary Semiotics* (Bloomington: Indiana University Press, 1978); Seymour Chatman, *Story and Discourse* (Ithaca: Cornell University Press, 1978); Charles Fillmore, "Ideal Readers and Real Readers" (mimeo., 1981); Paola Pugliatti, *Lo sguardo nel racconto* (Bolonha: Zanichelli, 1985); e Robert Scholes, *Protocols of Reading* (New Haven: Yale University Press, 1989).

15. Iser, *The Implied Reader*, pp. 278-87.

16. Umberto Eco, *The Open Work* (Cambridge, Mass.: Harvard University Press, 1989).

17. Paola Pugliatti, "Reader's Stories Revisited: An Introduction", in *Il Lettore: Modelli, processi ed effetti dell'interpretazione*, edição especial de *VS* 52-53 (jan./maio 1989), pp. 5-6.

18. Wolfgang Iser, *The Act of Reading* (Baltimore: Johns Hopkins University Press, 1976), pp. 34-6.

19. Mickey Spillane, *My Gun Is Quick* (Nova York: Dutton, 1950), p. 5.

20. Segundo Gérard Genette, *Seuils* (Paris: Seuil, 1987), o "paratexto" consiste em toda a série de mensagens que acompanham e ajudam a explicar determinado texto — mensagens como anúncios, sobrecapa, título, subtítulos, introdução, resenhas, e assim por diante.

21. Ver Harold Beaver, comentário sobre E. A. Poe, *The Narrative of Arthur Gordon Pym* (Harmondsworth: Penguin, 1975), p. 250.

22. Ludwig Wittgenstein, *Philosophical Investigations* (Oxford: Blackwell, 1958), p. 31e.

2. OS BOSQUES DE LOISY [pp. 35-57]

1. Agatha Christie, *The Murder of Roger Ackroyd*, cap. 27 ("Apologia"), in *Five Classic Murder Mysteries* (Nova York: Avenel, 1985), pp. 301-2.
2. Marcel Proust, "Gérard de Nerval", in *Contre Sainte-Beuve*, trad. Sylvia Townsend Warner, in *Marcel Proust on Art and Literature* (Nova York: Carrol and Graf, 1984), pp. 147-53.
3. Georges Poulet, *Les Métamorphoses du cercle* (Paris: Plon, 1961), p. 255.
4. Gérard Genette, *Narrative Discourse: An Essay in Method*, trad. Jane E. Lewin (Ithaca: Cornell University Press, 1980). Sobre tempo e narratividade, sou particularmente grato a Cesare Segre, *Structure and Time: Narration, Poetry, Models*, trad. John Meddemmen (Chicago: University of Chicago Press, 1979); Id., *Introduction to the Analysis of the Literary Text*, trad. John Meddemmen (Bloomington: Indiana University Press, 1988); Paul Ricoeur, *Time and Narrative*, trad. Kathleen McLaughlin e David Pellauer (Chicago: University of Chicago Press, 1984); e Dorrit Cohn, *Transparent Minds: Narrative Modes for Presenting Consciousness in Fiction* (Princeton: Princeton University Press, 1978).
5. Proust, "Gérard de Nerval", p. 154.
6. Sobre as diferenças entre história, enredo e discurso, sou particularmente grato a Chatman, *Story and Discourse*; Segre, *Structure and Time*; Id., *Introduction to the Analysis of the Literary Text*; Gerald Prince, *Narratology: The Form and Functioning of Narrative* (Berlim: Mouton, 1982); e Mieke Bal, *Narratology: Introduction to the Theory of Narrative*, trad. Christine van Boheemen (Toronto: University of Toronto Press, 1985).
7. T.S. Eliot, "Hamlet", in *Selected Essays* (Londres: Faber and Faber, 1932), p. 145.
8. Marcel Proust, "À Ajouter à Flaubert", in *Contre Sainte-Beuve*, ed. Pierre Clarac (Paris: Gallimard, 1971), p. 300.

3. DIVAGANDO PELO BOSQUE [pp. 59-86]

1. Italo Calvino, *Six Memos for the Next Millenium* (Cambridge, Mass.: Harvard University Press, 1988), pp. 35, 46.
2. Sobre passeios inferenciais, ver Umberto Eco, *The Role of the Reader* (Bloomington: Indiana University Press, 1979), pp. 31-3.
3. "Scenes We'd Like to See: The Musketeer Failed to Get the Girl", in William M. Games, *The Bedside "Mad"* (Nova York: Signet, 1959), pp. 117-21.
4. Isabella Pezzini, "Paradoxes du désir, logique du récit", *VS* 31-32 (1982), pp. 35-62.

5. Alessandro Manzoni, *The Betrothed*, trad. Bruce Penman (Harmondsworth: Penguin, 1972), p. 32.
6. Ver, por exemplo, as obras de Seymour Chatman, Gérard Genette e Gerald Prince.
7. Mickey Spillane, *One Lonely Night* (Nova York: Dutton, 1950), p. 165.
8. Ian Fleming, *Casino Royale* (Londres: Gildrose Productions, 1953), cap. 18.
9. Marcel Proust, "À Propos du style de Flaubert", *Nouvelle Revue Française*, 1 jan. 1929, p. 950.
10. Gustave Flaubert, *Sentimental Education*, trad. Robert Baldick (Harmondsworth: Penguin, 1964), p. 411.
11. Alexandre Dumas (père), *The Three Musketeers*, trad. de anônimo (Nova York: Grosset and Dunlap, s.d.), pp. 105-7.
12. Dorothy Sayers, Introdução a Dante, *The Divine Comedy* (Harmondsworth: Penguin, 1949-62), p. 9.
13. Dante, *Paradise*, canto 33, versos 55-7, 85-90; trad. Barbara Reynolds, na edição Sayers, v. 3 (1962), pp. 344 ss.
14. Ver Umberto Eco, "Narrative Structures in Fleming", in *The Role of the Reader*, pp. 144-74.
15. Manzoni, *The Betrothed*, pp. 25-6.

4. BOSQUES POSSÍVEIS [pp. 87-111]

1. John Searle, "The Logical Status of Fictional Discourse", *New Literary History* 14 (1975).
2. Franz Kafka, *Metamorphosis and Other Stories*, trad. Willa Muir e Edwin Muir (Londres: Minerva, 1992), p. 9.
3. Edwin Abbott, *Flatland: A Romance of Many Dimensions* (Nova York: Dover, 1952; 1. ed., 1884).
4. Lubomir Dolezel, "Possible Worlds and Literary Fiction", in Sture Allen (ed.), *Possible Worlds in Humanities, Arts, and Sciences: Proceedings of Nobel Symposium 65* (Berlim: De Gruyter, 1989), p. 239.
5. Sobre isso, sou grato a todos os participantes da terceira sessão do Nobel Symposium 65 mencionado acima, em especial a Arthur Danto, Thomas Pavel, Ulf Linde, Gérard Regnier e Samuel Levin. A figura 11 foi tirada de Lionel S. Penrose e Roger Penrose, "Impossible Objects", *British Journal of Psychology* 49 (1958).
6. Umberto Eco, "L'uso pratico del personaggio artistico", in *Apocalittici e integrati* (Milão: Bompiani, 1964).

7. Hilary Putnam, *Representation and Reality* (Cambridge, Mass.: MIT Press, 1988), pp. 22 ss.
8. Valentina Pisanty, *Leggere in fiaba* (Milão: Bompiani, 1993), pp. 97-9. A leitura alquímica foi fornecida por Giuseppe Sermonti, *Le fiabe del sottosuolo* (Milão: Rusconi, 1989).

5. O ESTRANHO CASO DA RUE SERVANDONI [pp. 113-34]

1. Lucrecia Escudero, "Malvine: Il Gran Racconto" (tese, Università degli Studi di Bologna, Dottorato di Ricerca in Semiotica, 4 Ciclo, 1992).
2. Umberto Eco (em colaboração com Patrizia Violi), "Presuppositions", in *The Limits of Interpretation* (Bloomington: Indiana University Press, 1990), pp. 253-60.
3. Consultei um mapa de Paris datado de 1609, no qual algumas das ruas não constam ou têm outros nomes. Num texto intitulado *Estat, noms et nombre de toutes les rues de Paris en 1636*, ed. Alfred Franklin (Paris: Léon Willem, 1873; Éditions de Paris, 1988), os nomes dados são já os que se utilizavam em 1716, segundo um mapa do último ano que encontrei. Considerando que a maioria dos mapas obedece a critérios estéticos e não mostra os nomes de ruas secundárias, creio que minha reconstituição se aproxima razoavelmente da situação das ruas em 1625.
4. Keith S. Donnellan, "Reference and Definite Descriptions", *Philosophical Review* 75 (1966), pp. 281-304.
5. Roger C. Schank (com Peter G. Childers), *The Cognitive Computer* (Reading, Mass.: Addison-Wesley, 1984), pp. 81-9.
6. Ibid., p. 83.
7. Ibid., p. 85.
8. Ibid., p. 86.
9. Umberto Eco, "Postscript" de *The Name of the Rose*, trad. William Weaver (Nova York: Harcourt Brace, 1984).
10. James Joyce, *A Portrait of the Artist as a Young Man* (Nova York: Viking, 1964), p. 214.

6. PROTOCOLOS FICCIONAIS [pp. 135-61]

1. Umberto Eco, *The Open Work* (Cambridge, Mass.: Harvard University Press, 1989), p. 264, n. 13.

2. Id., *Foucault's Pendulum*, trad. William Weaver (Nova York: Harcourt Brace, 1988), p. 495.

3. Andrea Bonomi, "Lo spiritto della narrazione" (1993, inédito), cap. 4, citado com a permissão do autor.

4. Theun van Dijk, "Action, Action Description and Narrative", *Poetics* 5 (1974), pp. 287-338.

5. Roland Barthes, "L'Effet de réel", in *Essais critiques IV: Le Bruissement de la langue* (Paris: Seuil, 1984), pp. 167-74.

6. Marcel Proust, in *Contre Sainte-Beuve*, trad. Sylvia Townsend Warner, in *Marcel Proust on Art and Literature* (Nova York: Carrol and Graf, 1984), p. 152.

7. T.S. Eliot, *Selected Essays* (Londres: Faber and Faber, 1932), p. 144.

8. Jerome Bruner, *Actual Minds, Possible Words* (Cambridge, Mass.: Harvard University Press, 1986).

9. Ver Arthur Danto, *Analytical Philosophy of History* (Cambridge, Mass.: Harvard University Press, 1965); Hayden White, *Metahistory: The Historical Imagination in Nineteenth-Century Europe* (Baltimore: Johns Hopkins University Press, 1973); e Jorge Lozano, *El discurso histórico* (Madri: Alianza, 1987).

10. A.-J. Greimas e Joseph Courtés, *Semiotics and Language: An Analytical Dictionary*, trad. Larry Christ e Daniel Patte (Bloomington: Indiana University Press, 1979).

11. Para uma abordagem completa de todo o caso, ver Norman Cohn, *Warrant for Genocide: The Myth of the Jewish World-Conspiracy and the Protocols of the Elders of Zion* (Nova York: Harper and Row, 1967).

12. Nesta Webster, *Secret Societies and Subversive Movements* (Londres: Boswell, 1924), pp. 408-9.

Índice

Abbott, Edwin: *Flatland*, 92-4, 96, 115
Adão, 148-9
Agostinho, Santo, 80
Alembert, Jean Le Rond d', 153
Antonioni, Michelangelo: *Blow Up*, 115
Aristóteles, 76, 140
Assassinos, 154
Austen, Jane, 18

Barruel, abade: *Mémoires*, 153-4
Barthes, Roland, 120, 136, 141
Bergman, Ingrid, 146
Berkheim, Charles de, 153
Bíblia, 80, 147
Boccaccio, Giovanni: *Decameron*, 148
Bonomi, Andrea, 137
Borges, Jorge Luis, 13, 151; "Funes, o Memorioso", 126
Bournand, François: *Les Juifs, nos contemporains*, 156
Bruner, Jerome, 149-50
Bruno, Giordano, 126

Brutus, 151
Buckingham, duque de (George Villiers), 76, 104, 105, 131
Burke, Kenneth, 148

Calvino, Italo: *Fábulas italianas*, 7-9; *Se um viajante numa noite de inverno*, 7; *Seis propostas para o próximo milênio*, 9, 15, 59
Campanile, Achille: *Agosto, moglie mia non ti conosco*, 10, 96; *Ma che cos'è questo amore*, 116
Carlos, o Calvo, 116
Casablanca, 13, 146
Celli, Giorgio, 139
Centúrias Negras, 156, 158
Cervantes, Miguel de: *Dom Quixote*, 146
Charles Eliot Norton Lectures, 7n
Chatman, Seymour, 65
Christie, Agatha: *O assassinato de Roger Ackroyd*, 36-7
Collodi, Carlo: *Pinóquio*, 17-8

Dante Alighieri: *Divina comédia*, 77-9, 125, 147
Danto, Arthur, 150
Defoe, Daniel: *Robinson Crusoe*, 142, 143
Diderot, Denis, 153
Döblin, Alfred, 97
Donnellan, Keith, 121
Dostoiévski, Fiodor, 19
Doyle, Arthur Conan, 97, 121, 124 144, 146
Dreyfus, Alfred, 156
Dumas, Alexandre, 46, 73, 76, 117, 120, 122, 124-6, 129-32, 145, 155-6, 158; *O conde de Monte Cristo*, 76; *Joseph Balsamo*, 155; *Os três mosqueteiros*, 73, 104, 117, 121-2, 124-5, 129-32, 136; *Vinte anos depois*, 104

Eco, Umberto, 139, 160; *Interpretação e superinterpretação*, 17, 124; *Lector in fabula*, 8, 41n, 61; *Os limites da interpretação*, 17, 110-1, 124; *O nome da rosa*, 133, 142; *Obra aberta*, 24, 136; *O pêndulo de Foucault*, 16-7, 88, 136; "Pequenos mundos", 109-10; "L'uso pratico del personaggio artistico", 98
Einstein, Albert, 11
Eliot, George (Mary Ann Evans), 22
Eliot, T.S., 45, 147, 148, 157
Escudero, Lucrecia, 113
Esopo, 8, 127
Euclides, 92, 125

Falla, Manuel de, 160
Fama fraternitatis, 151
Faulkner, William; *Santuário*, 146
Fedro, 8
Felton, John, 104, 105

Fielding, Henry: *Tom Jones*, 141
Fields, W. C., 140
Filipe, o Belo, 151
"Flash Gordon", 106
Flashforward, 35
Flaubert, Gustave: *A educação sentimental*, 67, 72; *Madame Bovary*, 45, 127, 146
Fleming, Ian, 79; *Casino Royale*, 66-7
Frederico, o Grande, 142

Gadda, Carlo Emilio, 137, 138
Garibaldi, Giuseppe, 143, 154
Gaudí, Antonio, 89
Genette, Gerard, 38, 65
Gibbon, Edward: *Declínio e queda do Império Romano*, 138
Gioberti, Vicenzo, 154
Glaber, Radulfus: *Historia suorum temporum*, 141
Goedsche, Hermann ("John Retcliffe"): *Biarritz*, 1556-2, 158
Goodman, Nelson, 102
Greimas, A.-J., 150
Grimm, Jacob e Wilhelm, 44, 105

Hawthorne, Nathaniel: *A letra escarlate*, 143
Hegel, Georg Wilhelm Friedrich, 46, 136
Henrique V, 151
Hesse, Hermann: *Sidarta*, 146
Hitler, Adolf, 157
Homero: *Odisseia*, 42, 44, 77
Humblot, M., 59
Huston, J. 46
Huysmans, Joris-Karl, 60

Invernizio, Carolina: *L'albergo del delitto*, 11, 99-100

Ionesco, Eugène, 76
Irmandade da Rosa-Cruz, 151-2, 158
Irving, Washington: "Rip Van Winkle", 109
Iser, Wolfgang; *O ato da leitura*, 24; *The Implied Reader*, 24

jacobinos, 153
James, Henry, 56
jesuítas, 153-4
"Joãozinho e Maria", 35
Joly, Maurice, 155-6, 158
Josefina, imperatriz, 104
Joyce, James, 135; *Dublinenses*, 46; *Finnegans Wake*, 25, 126, 129; "O mortos", 46; *Retrato do artista quando jovem*, 46; *Ulysses*, 70, 136, 140, "Judeus, senhores do mundo, Os", 155
Júlio César, 125, 150
Júpiter, 149

Kafka, Franz: *A metamorfose*, 11-2, 91; *O processo*, 98
Kant, Immanuel, 19
Kazin, Alfred, 11
Kuhn, Thomas, 102

Lafayette, madame de (Marie-Madeleine Pioche de la Vergne): *A princesa de Clèves*, 142
Lear, Edward, 43
Leonardo da Vinci, 19
Limerick, 43n
Livingstone, David, 14n
Lodwick, Francis, 148
Lovecraft, H. P., 14, 90
Luchet, marquês de, 152-3, 158
Luciano de Samósata: *Uma história verdadeira*, 141

Macaulay, Thomas Babington, 142-3
maçonaria, 152-3, 158
maçonaria escocesa, 152-3
Mad, revista, 60
Manés, 154
Mann, Thomas, 11
Manzoni, Alessandro: *Os noivos*, 62, 63, 64, 68, 80, 83, 85-6, 90
Maquiavel (Niccolò Machiavelli), 155
Mattson, Morris, 28
Médici, 82, 98
Melville, Hermann: *Moby Dick*, 28, 35
Michelet, Jules, 141, 154
Mitchell, Margaret: ... *E o vento levou*, 101, 102, 104
Molay, Jacques de, 153
Montesquieu, barao de (Charles-Louis de Secondat), 155
Musil, Robert: *O homem sem qualidades*, 143

Napoleão I (Napoleão Bonaparte), 101, 103-4, 125, 135, 151, 153-4
Napoleão III (Luís Napoleão), 67, 155-6
Nerval, Gérard de (Gérard Labrunie), 19, 21-2, 28, 31-2, 37, 39-41, 46-7, 50-1, 54, 64, 80-1, 93, 97, 108, 130-1, 135, 144, 164-5n; *Aurélia*, 23, 41; *Les Filles du feu*, 46; *Sylvie*, 19-22, 28, 30-2, 37-41, 45, 46, 47-53, 77, 80-2, 96-8, 130, 135, 144
Neuhaus, Heinrich, 152
Nilus, Sergei, 157
Nostradamus (Michel de Nostredame): *Centúrias*, 147
Novalis (Friedrich von Hardenberg), 144

Ollendorff (editor), 59

Peckinpah, Sam, 66
Penrose, Lionel S. e Roger, 95
"Pequeno Polegar, O", 35
Perec, Georges: *Tentative d'épuisement d'un lieu parisien*, 71, 100
Perrault, Charles, 44, 104, 105
Pessoa, Fernando, 22
Pisanty, Valentina, 106
Platão: *Crátilo*, 149
Plutarco: "Vida de Péricles", 142; *Vidas*, 140
Poe, Edgar Allan: "O corvo", 54; "A filosofia da composição", 54, 57; *A narrativa de Arthur Gordon Pym*, 13
Pollock, Jackson, 70
"Popeye", 146
Poulet, Georges, 38
Protocolos dos sábios de Sião, Os, 156
Proust, Marcel, 18, 37, 40-1, 45-7, 52, 59, 67, 83, 99, 127, 136, 144; *Contre Sainte-Beuve*, 165n, 168n; *Em busca do tempo perdido*, 59; "Gerard de Nerval", 19, 21, 164-5n; "A Propos du style de Flaubert", 166n
Pugliatti, Paola, 24
Putnam, Hilary, 103

Quine, Willard van Orman, 102
Quinet, Edgar, 154

Rabelais, François: *Gargantua*, 135, 146
Rachkovski, Piotr Ivanovich, 156, 158
Radcliffe, Ann: *The Mysteries of Udolpho*, 110, 117
Radiguet, Raymond: *O diabo no corpo*, 19
Readcliff, John, 156
Robbe-Grillet, Alain: *La Maison de rendez-vous*, 94

Rocky Horror Picture Show, The, 146-7
Roothaan, padre, 154
rosa-cruzes, 152
Rostand, Edmond: *Cyrano de Bergerac*, 145
Rousseau, Jean-Jacques, 40, 81, 98

Sábios de Sião, 156-9
Salinger, J. D., 19
Sayers, Dorothy, 78
Schank, Roger: *Reading and Understanding*, 12; *The Cognitive Computer*, 127
Schwarz, Berthold, 53
Scott, Walter, 108, 109
Searle, John, 87
Servandoni, Giovanni Niccolò, 120, 123-4, 131
Shakespeare, William, 135, 147
Simonini, capitão, 154, 158
Snoopy, 56n
Southern Literary Messenger, 25
Spillane, Mickey, 65; *My Gun Is Quick*, 25-6; *One Lonely Night*, 65
Stagecoach [No tempo das diligências], 60
Stanley, Henry Morton, 14n
Stendhal (Marie-Henri Beyle): *O vermelho e o negro*, 99, 135
Sterne, Laurence: *Tristram Shandy*, 14
Stevenson, Robert Louis: *A ilha do tesouro*, 146
Stout, Rex, 97-8, 108, 131
Sturges, John: *Bad Day at Black Rock* [Conspiração do silêncio], 76
Sue, Eugène, 136, 154-6, 158; *O judeu errante*, 154; *Os mistérios de Paris*, 155, 159; *Os mistérios do povo*, 154, 159
Swift, Jonathan: *Viagens de Gulliver*, 22

templários, 89, 151-4, 158
Tolstói, Liev: *Guerra e paz*, 107-8
Tracy, Spencer, 76-7
Turgot, Anne-Robert-Jacques, 153

Ulisses (Odisseus), 42

Velho da Montanha, 154
Verne, Júlio, 14, 65
Virgílio: *Eneida*, 147
Vítor Emanuel III, 87, 89
Voltaire (Francois-Marie Arouet), 153

Wagner, Richard, 69
Warhol, Andy, 70
Wayne, John, 60
Webster, Nesta: *Secret Societies and Subversive Movements*, 158
Wittgenstein, *Investigações filosóficas*, 32-3
Wodehouse, P. G., 21

1ª EDIÇÃO [1994] 15 reimpressões
2ª EDIÇÃO [2024]

ESTA OBRA FOI COMPOSTA POR BETE MOLINA EM MINION E IMPRESSA EM OFSETE PELA GRÁFICA BARTIRA SOBRE PAPEL PÓLEN SOFT DA SUZANO S.A. PARA A EDITORA SCHWARCZ EM MARÇO DE 2024

A marca FSC® é a garantia de que a madeira utilizada na fabricação do papel deste livro provém de florestas que foram gerenciadas de maneira ambientalmente correta, socialmente justa e economicamente viável, além de outras fontes de origem controlada.